RELATÓRIO DA COMISSÃO DE ESTUDO E DEBATE DA REFORMA DO SISTEMA PRISIONAL

MINISTÉRIO DA JUSTIÇA
GABINETE DE POLÍTICA LEGISLATIVA E PLANEAMENTO

RELATÓRIO DA COMISSÃO DE ESTUDO E DEBATE DA REFORMA DO SISTEMA PRISIONAL

RELATÓRIO DA COMISSÃO DE ESTUDO E DEBATE
DA REFORMA DO SISTEMA PRISIONAL

EDITOR
EDIÇÕES ALMEDINA, SA
Rua da Estrela, n.º 6
3000-161 Coimbra
Tel.: 239 851 904
Fax: 239 851 901
www.almedina.net
editora@almedina.net

EXECUÇÃO GRÁFICA
G.C. – GRÁFICA DE COIMBRA, LDA.
Palheira – Assafarge
3001-453 Coimbra
producao@graficadecoimbra.pt

Maio, 2005

DEPÓSITO LEGAL
224703/05

Toda a reprodução desta obra, por fotocópia ou outro qualquer processo,
sem prévia autorização escrita do Editor,
é ilícita e passível de procedimento judicial contra o infractor.

PREFÁCIO

Nos primeiros dias do ano de 2003, a Sr.ª Ministra da Justiça – Dr.ª Maria Celeste Cardona – teve a feliz ideia de desencadear um processo de reforma, em profundidade, do sistema prisional português e realidades conexas.

Para isso criou uma comissão, de duração limitada no tempo, denominada CEDERSP – Comissão de Estudo e Debate da Reforma do Sistema Prisional, a qual ficou constituída pelo signatário, como presidente, e por quatro vogais – o director-geral dos Serviços Prisionais, Dr. Luís Miranda Pereira, a presidente do Instituto de Reinserção Social, Dr.ª Maria Clara Albino, a directora do Gabinete de Política Legislativa e Planeamento do Ministério da Justiça, Dr.ª Maria da Assunção Cristas – substituída, sempre que necessário, pelo subdirector, Dr. Pedro Duro –, e a representante do Observatório Permanente da Justiça, Dr.ª Conceição Gomes. Foi secretária da Comissão a Dr.ª Fernanda Fialho.

A referida Comissão trabalhou afincadamente durante 11 meses e, em menos de um ano, entregou à Sr.ª Ministra da Justiça o produto do seu intenso labor, a saber, o Relatório da respectiva actividade, com numerosas conclusões, e um projecto de Proposta de Lei-Quadro de Reforma do Sistema Prisional (a apresentar pelo governo, após aprovação em Conselho de Ministros, à Assembleia da República).

A Sr.ª Ministra da Justiça aceitou, no essencial, estes dois documentos da Comissão e – após a necessária concertação a nível interministerial – a Proposta de Lei foi aprovada em Conselho de Ministros, juntamente com um pacote de alterações ao Código Penal e ao Código de Processo Penal que, além do mais, acolheu a maioria das recomendações da CEDERSP.

Aguarda-se agora que o novo Governo entretanto nomeado e empossado tome posição sobre todo este conjunto de propostas legislativas e, se for esse o caso, como se espera, faça prosseguir rapidamente o processo em curso.

Sobre o conteúdo do trabalho feito e os motivos das recomendações apresentadas falam suficientemente os textos aqui publicados.

Mas algumas palavras de agradecimento e louvor são devidas neste momento:

- *À Sr.ª Ministra Celeste Cardona, pela* visão *de que deu provas ao empreender tarefa de tão grande fôlego;*
- *Aos vogais da CEDERSP, pelo excelente contributo que deram, em reuniões que por vezes se prolongaram por mais de 12 horas seguidas;*
- *Aos principais órgãos do Estado com competência nas matérias abordadas, em particular a Comissão Parlamentar de Direitos, Liberdades e Garantias e a sua Subcomissão de Justiça e Prisões;*
- *Ao presidente do Conselho Superior de Magistratura, ao Procurador-Geral da República e ao Bastonário da Ordem dos Advogados, pelo precioso contributo que deram ao trabalho da Comissão;*
- *Ao Partido Socialista, principal partido da Oposição, pela atitude aberta e construtiva sempre demonstrada;*
- *Ao Sr. Prof. Doutor Jorge Figueiredo Dias, da Universidade de Coimbra, pelo valiosíssimo parecer que deu à CEDERSP sobre as grandes linhas de reforma de orientação por esta gizada;*
- *E, ainda,* the last but not the least, *ao Sr. Primeiro Ministro, Dr. Durão Barroso, e à Sr.ª Ministra de Estado e das Finanças, Dr.ª Manuela Ferreira Leite, pelo decisivo apoio conferido a esta reforma.*

O projecto de reforma – amplo, tecnicamente fundamentado e socialmente justo e generoso – aí está. O público julgará o seu mérito ou demérito.

Mas, pela parte que me toca, não esquecerei nunca a carta emotiva que recebi de uma reclusa de Tires, após ter lido as nossas propostas, que terminava assim: "Muito obrigada a todos. Os senhores devolveram-nos a esperança!".

DIOGO FREITAS DO AMARAL
(Presidente da CEDERSP)

Julho de 2004

RELATÓRIO FINAL
DA COMISSÃO DE ESTUDO
E DEBATE DA REFORMA DO SISTEMA PRISIONAL

12 DE FEVEREIRO DE 2004

I – INTRODUÇÃO

1.1. A Portaria n.º 183/2003, de 21 de Fevereiro, criou no Ministério da Justiça a Comissão de estudo e debate da reforma do sistema prisional (CEDERSP).

A CEDERSP teve a seguinte composição:

a) Como presidente, o Prof. Doutor Diogo Freitas do Amaral, nomeado por Sua E.xa a Ministra da Justiça, de entre personalidades de reconhecido mérito;

b) O director-geral dos Serviços Prisionais, Dr. Luís Miranda Pereira[1];

c) A presidente do Instituto de Reinserção Social, Dra. Maria Clara Albino[2];

d) A directora do Gabinete de Política Legislativa e Planeamento do Ministério da Justiça, Dra. Assunção Cristas, que, por motivo justificado, foi substituída, durante quase todo o período de funcionamento da Comissão, pelo Director-Adjunto do mesmo Gabinete, Dr. Pedro Duro;

e) Uma representante do Observatório Permanente da Justiça Portuguesa, Dra. Conceição Gomes;

---

[1] Tendo sido substituído, sempre que necessário, pela Subdirectora-Geral, Dra. Maria José Matos.

[2] Tendo sido substituída, sempre que necessário, pelo Vice-Presidente, Dr. José Ricardo Nunes.

f) Uma secretária, Dra. Fernanda Infante[3].

Foram atribuídas à CEDERSP as seguintes missões:

«*a*) Analisar, em toda a sua extensão, as características estruturais e a situação actual do sistema prisional português, bem como os aspectos determinantes que, em termos de pressupostos legais e de ambiência externa, o condicionam;

b) Considerar a informação relevante disponível, quer nacional quer estrangeira e internacional, que permita definir o modelo de organização e gestão de um sistema prisional mais adequado a um país da dimensão e características do nosso;

c) Promover um amplo debate público nacional sobre os temas mais relevantes para a definição do futuro do nosso sistema prisional, designadamente com a colaboração das universidades e da sociedade civil;

d) Elaborar um relatório final que, partindo das conclusões alcançadas, contenha as reflexões e recomendações da própria comissão e termine com a formulação de dois textos:

1) Linhas gerais da reforma do sistema prisional português, incluindo, se for caso disso, a recomendação das alterações de alguns dos seus pressupostos legais, que se mostrem indicadas;

2) Proposta de lei-quadro de reforma do sistema prisional português, a submeter pelo Governo à Assembleia da República.»

1.2. No cumprimento das suas tarefas, a Comissão reuniu-se com uma periodicidade semanal, durante cerca de 11 meses, tendo sido discutidos os múltiplos temas relacionados com a problemática do sistema prisional, desde o levantamento da situação actual até às formas de efectivar uma adequada reinserção social dos reclusos, sem esquecer o estudo das necessárias medidas tendentes ao melhoramento das condições de vida da população reclusa e à redução da sobrelotação prisional.

1.3. Logo após o início dos seus trabalhos, a Comissão (ou delegações dela, sempre com o respectivo presidente), foi recebida, a seu

---

[3] Tendo sido substituída, sempre que necessário, pela Dra. Maria da Assunção Júdice.

pedido, pelas principais entidades oficiais com intervenção no sistema prisional, a saber:

a) Comissão Parlamentar de Direitos, Liberdades e Garantias, no dia 6 de Maio;

b) Presidente,Vice-Presidente e uma vogal do Conselho Superior de Magistratura, no dia 14 de Maio;

c) Procurador-Geral da República, nesta qualidade e como Presidente do Conselho Superior do Ministério Público, no dia 13 de Maio;

d) Provedor de Justiça, no dia 14 de Maio; e

e) Bastonário e outros dirigentes da Ordem dos Advogados, no dia 7 de Maio.

Trocaram-se impressões sobre os planos da Comissão quanto à reforma em estudo, colheram-se ideias e sugestões das entidades visitadas, e verificou-se existir consenso quanto à necessidade e oportunidade da reforma.

1.4. A Comissão deslocou-se aos seguintes estabelecimentos prisionais:

a) Coimbra, no dia 2 de Junho;

b) Caxias, no dia 6 de Junho;

c) Tires, no dia 17 de Junho;

d) Porto (Custóias), no dia 21 de Junho;

e) Santa Cruz do Bispo (estabelecimento feminino em fase de instalação), no dia 22 de Junho;

f) Guimarães, no dia 23 de Junho;

g) Braga, no dia 8 de Julho; e

h) Lisboa, no dia 24 de Setembro.

Nestas deslocações, a Comissão contactou com reclusos, pessoal dirigente e técnico, e guardas prisionais, ouvindo as suas perspectivas relativamente ao estabelecimento em causa e, em geral, ao sistema prisional. Os membros da Comissão percorreram as instalações referidas, designadamente os espaços de lazer, os espaços destinados à formação escolar e profissional, as oficinas de trabalho, os refeitórios, os sanitários e as celas e camaratas. No Estabelecimento Prisional de Lisboa foram ainda visitadas as instalações da Ala G (destinada a toxicodependentes em programa de recuperação) e, no Estabelecimento Prisional do Porto (Custóias), em especial a unidade livre de drogas, a enfermaria e a zona dedicada ao apoio clínico dos reclusos.

10   *Relatório da Comissão de Estudo e Debate da Reforma do Sistema Prisional*

1.5. A CEDERSP contactou as Faculdades de Direito da Universidade de Coimbra, da Universidade de Lisboa, da Universidade Católica Portuguesa, da Universidade do Porto, da Universidade Nova de Lisboa, a Escola de Direito da Universidade do Minho e a Escola Nacional de Saúde Pública, no sentido de as convidar a participar num debate público nacional, alargado e profundo, num reconhecimento claro da contribuição inestimável e insubstituível da Academia. Nestes contactos, a CEDERSP apresentou um conjunto de questões relevantes para o referido debate público, formulando um guião de discussão contendo 15 temas:

1. A inflacção da população prisional e a sobrelotação dos estabelecimentos;
2. Prisão preventiva;
3. Organização e gestão do sistema prisional;
4. Prisão de segurança especial;
5. Parcerias público-privadas;
6. Regime de execução das medidas privativas da liberdade;
7. Plano Individual de Readaptação Social;
8. Reinserção social;
9. Direitos sociais;
10. Os tribunais de execução das penas e a execução da pena de prisão;
11. Casos especiais: reclusos jovens, idosos ou portadores de deficiência;
12. Reclusos estrangeiros;
13. Saúde;
14. Ensino e formação profissional;
15. Sociedade civil e sistema prisional.

A Escola Nacional de Saúde Pública apresentou à CEDERSP dois documentos, subordinados ao tema *"Síntese das principais questões de saúde pública relacionadas com as prisões"* e *"Pela equidade no acesso dos reclusos a serviços de saúde com a qualidade e compreensividade do SNS"*.

Por seu turno, duas Universidades, a do Minho e a de Lisboa, organizaram debates de discussão pública.

Na Escola de Direito da Universidade do Minho foi realizado, no dia 8 de Julho, um Colóquio, no qual foram tratados os seguintes temas: "Prisão contemporânea: uma realidade em mutação"; "Prisão preventiva"; "A aplicação da medida de prisão preventiva e o segredo de justiça"; "Os tribunais de execução das penas e a execução da pena de prisão"; e o "Tratamento penitenciário".

Por seu turno, o colóquio realizado, em 13 de Outubro, na Faculdade de Direito da Universidade de Lisboa, subordinado ao tema "O futuro da pena de prisão", foi composto por quatro painéis: "A prisão preventiva em Portugal e os direitos fundamentais do arguido"; "A pena de prisão e as suas alternativas no panorama do Direito Penal europeu"; "A execução da pena de prisão e a reinserção social em Portugal"; e "As linhas gerais desejáveis da reforma do sistema prisional".

Ainda no âmbito da discussão pública alargada, foi realizado pelo Observatório Permanente da Justiça, na Faculdade de Economia da Universidade de Coimbra, no dia 10 de Outubro de 2003, um colóquio subordinado ao tema "A reforma do sistema prisional", no qual se discutiram, no seu essencial, duas matérias: *Entre a lei e a sociedade: A escolha da pena e de medidas de coacção*" e "*Da prisão à sociedade: que reinserção social?*".

A CEDERSP esteve ainda presente no debate subordinado ao tema "A saúde nas prisões", organizado pela Ordem dos Enfermeiros – Secção Regional do Centro, no dia 10 de Maio de 2003, em Coimbra; no fórum realizado pela Pastoral Prisional de Braga, em 22 de Maio, sobre o tema "*Sistema Prisional Português, que reforma?*"; e também no debate realizado pela Kairós, dedicado à problemática da "*Reclusão e integração sócio-profissional*", realizado no dia 26 de Setembro, em Ponta Delgada.

As Faculdades de Direito de Coimbra, Nova de Lisboa, Porto e a da Universidade Católica do Porto alegaram dificuldade em organizar debates em épocas de exames, preferindo realizá-los após a apresentação pela Comissão dos seus trabalhos finais.

Dois membros da Comissão (o seu Presidente e o Director-Geral dos Serviços Prisionais) participaram ainda num longo debate sobre a reforma do sistema prisional, promovido pela SIC-Notícias em 26 de Junho de 2003.

1.6. Nos meses de Novembro e Dezembro, a CEDERSP, considerando essencial colher a perspectiva de entidades não governamentais, com trabalho na área dos direitos humanos e, em particular, do sistema prisional, foi recebida, no dia 5 de Novembro, pelo Sr. Bispo Auxiliar de Lisboa, D. José Alves, e reuniu-se com os representantes da Fraternidade das Instituições de Apoio ao Recluso e da Associação "Dar a Mão", no dia 12 de Novembro, da Associação Contra a Exclusão pelo Desenvolvimento, no dia 5 de Dezembro, do Fórum Justiça e Liberdades, no dia 16 de Dezembro, da Comissão dos Direitos Humanos da Ordem dos Advogados, no dia 19 de Dezembro, e da Associação Portuguesa dos Direitos dos Cidadãos, no dia 15 de Janeiro. No dia 12 de Dezembro, foi também ouvido o Sindicato do Corpo da Guarda Prisional.

Nos seus trabalhos, a CEDERSP teve ainda em conta o Relatório sobre o Sistema Prisional, de 2003, apresentado pelo Provedor de Justiça, e o Relatório, de 2003, do Observatório Permanente da Justiça Portuguesa, subordinado ao tema "A reinserção social do reclusos – um contributo para o debate sobre a reforma do sistema prisional", além da abundante bibliografia que lhe foi facultada.

Foram também consideradas as principais orientações e recomendações internacionais com relevância para a matéria objecto do mandato da Comissão, designadamente recomendações do Conselho da Europa e orientações e regras aprovadas pelos Congressos das Nações Unidas para a Prevenção do Crime e o Tratamento dos Delinquentes. Já na fase final dos seus trabalhos, a Comissão teve ainda a oportunidade de tomar conhecimento do relatório do Comissário dos Direitos Humanos do Conselho da Europa, Alvaro Gil-Robles, sobre a situação portuguesa.

1.7. Durante o período do seu mandato, a Comissão recebeu cerca de uma centena de cartas e documentos enviados por reclusos em prisão preventiva, ou condenados a pena de prisão. A todos foi dada resposta escrita. Algumas destas sugestões foram consideradas nas propostas e recomendações da Comissão.

1.8. O Presidente da Comissão manteve, ao longo do ano de 2003, contactos repetidos com alguns Srs. Deputados mais directamente envolvidos nas matérias relacionadas com o sistema prisional e, em especial, com a Presidente da Comissão de Direitos, Liberdades e Garantias, Dra. Assunção Esteves, com a Presidente da Subcomissão Justiça e Prisões, Dra. Teresa Morais, e com o líder do Grupo Parlamentar do PS, Dr. António Costa.

1.9. Apresentada, sumariamente, a actividade realizada pela CEDERSP, importa dar conta, no presente relatório, dos estudos efectuados com vista à análise e enquadramento das características estruturais da situação actual do sistema prisional português. Para tal, começar-se-á por apresentar uma perspectiva histórico-legislativa do sistema prisional português no século XX, analisando, em seguida, alguns dados estatísticos de enquadramento. Considera-se, por outro lado, que uma perspectiva correcta da situação do sistema prisional português deverá ser contextualizada no espaço europeu. Para isso, far-se-á uma breve síntese dos sistemas jurídicos estrangeiros mais relevantes, que permita traçar o modelo de organização e gestão de um sistema prisional mais adequado a um país com a dimensão e características do nosso. Serão também analisados dados estatísticos dos 15 países da União Europeia. Enunciar-se-ão ainda, de forma sintética, as recomendações internacionais mais relevantes em matéria de tratamento penitenciário.

1.10. Identificada, nos seus traços essenciais, a realidade do sistema prisional português, importará, por último, avançar com as propostas de alteração legislativa e outras medidas, que permitam, num prazo máximo de 12 anos, superar os problemas detectados pela CEDERSP.

Com efeito, a Comissão, no cumprimento do seu mandato – estudar e propor uma reforma em profundidade do sistema prisional português –, encontrou certas causas a montante do sistema, nomeadamente na legislação penal e processual penal, ou na sua deficiente interpretação e aplicação, que inegavelmente produzem consequências negativas no próprio sistema prisional (sobrelotação, número elevado de presos preventivos, demasiada rigidez nas possibilidades de flexibilização da execução das penas, escassa utilização da pena de prestação de trabalho a favor da comunidade e, em geral, de outras penas e medidas penais não privativas da liberdade, etc.).

Perante esta situação, há quem defenda, entre nós, que o legislador penal e processual penal deve nortear-se apenas pelos grandes valores e princípios da política criminal, sem se preocupar com as consequências práticas das normas por si aprovadas na situação e funcionamento do sistema prisional. Este é que terá de ser adaptado ao que resultar da lei penal e processual penal, e não o contrário[4].

Salvo o devido respeito, a Comissão não pode concordar com tal entendimento. Não sendo Portugal um país com elevados recursos disponíveis para aplicar ao sistema prisional, o legislador penal e processual penal não deve abstrair das consequências práticas das soluções que con-

---

[4] Ver, neste sentido, Provedor de Justiça, "Relatório sobre o sistema prisional", 2003, parte A, vol. I, p. 26 e segs.

14   *Relatório da Comissão de Estudo e Debate da Reforma do Sistema Prisional*

sagra, nem o Estado pode dar-se ao luxo de aumentar indefinidamente, ano a ano, o investimento público em novos estabelecimentos prisionais. Além disso, e independentemente dos recursos financeiros disponíveis, há soluções que o conhecimento da prática prisional revela não serem as mais adequadas a uma correcta execução dos fins das penas e, em particular, a uma adequada política de prevenção criminal e de reinserção social.

Numa palavra: a orientação que se afigura sensata e realista é a de, por um lado, recomendar ao legislador penal e processual penal que também tenha em conta, *inter alia*, as consequências no sistema prisional das soluções que aprova, e, por outro lado, recomendar ao legislador do sistema prisional que adapte o referido sistema à evolução da realidade e à legislação penal e processual penal em vigor.

Dá-se o caso, por feliz coincidência, de ambos os mencionados legisladores serem uma única entidade – a Assembleia da República, eventualmente sob proposta do Governo. Ao Parlamento caberá, pois, em último termo, compatibilizar as grandes linhas de orientação da lei penal e processual penal com os recursos financeiros que o Estado possa disponibilizar para montar e manter um sistema prisional humano, justo e seguro, orientado para a reinserção social dos reclusos.

É nesse sentido que a Comissão não hesitará em recomendar alterações pontuais da legislação penal e processual penal, bem como de alguma legislação avulsa nesses domínios, por entender que na realidade algumas das suas soluções se têm revelado pouco eficazes ou mesmo contraproducentes, não apenas na gestão do sistema prisional, mas também e sobretudo numa prática correcta quanto à observância da preferência pelas reacções penais não detentivas, à duração efectiva das penas e ao direccionamento destas para o seu principal escopo de preparar uma adequada reinserção social dos condenados.

II – O SISTEMA PRISIONAL PORTUGUÊS

2.1. A perspectiva histórico-legislativa no século XX

Em cem anos de história legislativa, várias são as leis que reformaram o sistema prisional, sendo de destacar, como mais relevantes, três diplomas. Assim, o século inicia-se com a publicação, em 21 de Setem-

Relatório Final da CEDERSP

bro de 1901, do Regulamento das cadeias civis do continente do reino e ilhas adjacentes. Em 1936, nasce a Reforma da Organização Prisional, que em 1979 é substituída por uma nova Reforma. A nossa análise da história legislativa do sistema prisional português atribui especial importância ao Regulamento de 1901 e a essas duas Reformas, sem prejuízo de um breve exame de outros diplomas.

2.1.1. *Regulamento das cadeias civis do continente do reino e ilhas adjacentes, de 1901*

O Regulamento das cadeias civis do continente do reino e ilhas adjacentes, de 1901, publicado no Diário de Governo em 21 de Setembro, regeu a execução da pena de prisão nestes estabelecimentos até à publicação da Reforma da Organização Prisional de 1936, e porventura para além desta data, dado que o artigo 459.º da Organização Prisional manteve em vigor as disposições de carácter regulamentar não contrárias às normas e princípios da Reforma. O Regulamento de 1901 pretendia organizar um regulamento geral das prisões, que aperfeiçoasse e condensasse regulamentos anteriores.

Como principais pontos de relevo do Regulamento, o Preâmbulo do diploma destaca que se fixaram *"cuidadosa e minuciosamente as attribuições e deveres dos empregados da cadeia; determinou-se o modo como havia de ser ministrado o ensino, tão útil para o aperfeiçoamento intellectual e moral dos presos; attendeu-se à sua educação moral, incutindo-lhe no animo os princípios religiosos e moraes, confiando-se especialmente ao professor e ao capello da cadeia, e cuidou-se por ultimo do tratamento dos enfermos, organizando-se devidamente as enfermarias das cadeias. Criou-se, para instrucção dos presos, uma bibliotheca de obras moraes e de instrucção profissional. Determinaram-se quaes os deveres dos presos, as penas que pelas suas faltas lhes podem ser impostas pelo director da cadeia e os prémios que lhes podem ser conferidos pelo seu bom procedimento na prisão"*. *"Regulam-se os serviços das secretarias das cadeias; providencia-se sobre o fallecimento dos presos e seus espolios"*. O Regulamento estabelece ainda a obrigatoriedade do trabalho dos reclusos, podendo a sua exploração ser feita por conta do Estado, do recluso ou de terceiros, legitimando-se esta obrigatoriedade no facto de que, *"[s]e a ociosidade é a mãe de todos os vícios, nas cadeias é ella a mais enérgica educadora dos criminosos e a maior geradora de*

16   *Relatório da Comissão de Estudo e Debate da Reforma do Sistema Prisional*

crimes". "Assim se regulam as cousas de modo que ao preso não seja consentido ficar ocioso, dividindo-se-lhe o tempo pelo trabalho nas oficinas, pelo estudo, pelas conferencias e praticas religiosas, pelas visitas de pessoas de família e outras, pelas horas de refeição e pelo descanso. Arbitra-se-lhes um salário, extrahido do producto do trabalho, em que parte fica pertencendo ao Estado, como indemnização pelo sustento que lhes fornece, e em parte aos presos, constituindo-se-lhes um pequeno peculio, ou dividindo-o com a família, que assim se evita de cair na desgraça". Por outro lado, o Regulamento cria uma associação de patronato destinada a apoiar as famílias dos reclusos e os ex-reclusos no seu processo de reintegração social, devendo *"[e]stas associações auxiliar eficazmente as famílias dos presos indigentes, subsidiando-as durante a prisão dos seus chefes, tratar da educação dos seus filhos, tomando-os carinhosamente sob a sua protecção, e por ultimo cuidar da collocação dos delinquentes, cumprida que está a sua pena"* .

Do exposto conclui-se que o Regulamento de 1901 trata de inúmeros problemas relacionados com a execução das penas, desde os deveres dos *"empregados da cadeia"* à integração do recluso na sociedade após a sua libertação, revelando uma clara preocupação em melhorar as condições das cadeias e um espírito inovador, que infelizmente não obteve efectiva aplicação prática.

2.1.2. *Até à reforma de 1936*

Entre a publicação do Regulamento de 1901 e a Reforma de 1936, surgem vários diplomas que importa destacar. Desde logo, a Constituição de 21 de Agosto de 1911. Do diploma constitucional é de referir, por um lado, a manutenção da proibição da pena de morte e de penas corporais, perpétuas ou de duração ilimitada e, por outro, o direito do condenado à reparação de perdas e danos, se alguma sentença criminal for executada injustamente (artigo 3.º). Porém, a Constituição de 1911 e as cinco leis de revisão constitucional aprovadas até 1921 não continham preceitos de natureza semelhante às disposições da Constituição de 1822 [5], directamente relacionadas com o sistema prisional.

---

[5] De facto, a Constituição de 1822 incluía vários preceitos relativos ao sistema prisional. Citem-se, a título de exemplo, os artigos 208.º, 209.º e 210.º, que determinavam,

É de destacar como relevante na evolução legislativa do sistema prisional a Lei de 20 de Julho de 1912, que estabeleceu regras especiais para vadios, mendigos e delinquentes habituais, criando as casas correccionais de trabalho e as colónias penais agrícolas.

Por seu turno, o Decreto de 29 de Janeiro de 1913 veio dar maior flexibilidade à execução das penas, abolindo o capuz e substituindo o trabalho nas celas pelo trabalho em comum.

Ainda antes de 1936 e da sua reforma, é de realçar a Lei n.º 428, de 13 de Setembro de 1915, através da qual o Congresso da República autorizou o Governo a organizar o serviço de administração e inspecção comum e geral de todos os estabelecimentos prisionais para maiores, com o escopo de orientar os serviços prisionais, que revelavam crescente complexidade. Em 1933, através do Decreto n.º 22708, de 20 de Junho, a Administração e Inspecção-Geral das Prisões foi convertida em Direcção-Geral e, em 1935, o Decreto n.º 25016, de 7 de Fevereiro, centralizou nela todos os assuntos prisionais até então a cargo de outras entidades, designadamente dos procuradores da República. Porém, a sua organização e funcionamento continuou deficiente e sujeita à oscilação de diversas opções legislativas, até encontrar uma solução mais estável, em 1956, com a publicação do Decreto-Lei n.º 40876 e do Decreto Regulamentar n.º 40877, ambos de 24 de Novembro de 1956, que dotaram a Direcção-Geral de uma organização eficiente que lhe permitiu começar a intervir eficazmente nos diferentes domínios da sua competência. Actualmente, a orgânica dos serviços prisionais é regulada pelo Decreto-Lei n.º 268/81, de 16 de Setembro, que estabelece, no seu artigo 1.º, que *"à Direcção-Geral dos Serviços Prisionais (...) incumbe orientar os serviços de detenção e execução das penas e medidas de segurança, superintender na sua*

---

respectivamente: *"As cadeias serão seguras, limpas e bem arejadas, de sorte que sirvam para segurança e não tormento dos presos. Nelas haverá diversas casas, em que os presos estejam separados, conforme as suas qualidades e a natureza de seus crimes, devendo haver especial contemplação com os que estiverem em simples custódia, e ainda não sentenciados. Fica contudo permitido ao juiz, quando assim for necessário para indagação da verdade, ter o preso incommunicavel em logar commodo e idóneo, pelo tempo que a lei determinar"* (art.º 208.º).

"As cadeias serão impreterivelmente visitadas nos tempos determinados pelas leis. Nenhum preso deixará de ser apresentado n'estas visitas" (art.º 209.º).

"O juiz e o carcereiro que infringirem as disposições do presente capítulo, relativas à prisão dos delinquentes, serão castigados com as penas que as leis declararem" (art.º 210).

organização e funcionamento e efectuar estudos e investigações referentes ao tratamento dos delinquentes."

É ainda de realçar o Decreto n.º 6627, de 21 de Maio de 1920, que aprova o regulamento do trabalho dos presos, considerando que *"é indispensável que aos presos que aguardam julgamento, ou em cumprimento de penas correccionais, seja não só facultado, mas até imposto, trabalho remunerado e consoante as aptidões desses delinquentes. (...). Trata-se de trabalho dignificante e higiénico. Trata-se do cumprimento do imperioso dever de cada um agenciar pelo trabalho os meios de prover a sua própria alimentação".*[6]

De destacar é também o Decreto n.º 13343, de 26 de Março de 1927, que determinou a substituição da prisão correccional até 6 meses por multa a fixar, dentro dos limites preestabelecidos, segundo os recursos económicos dos condenados.

De grande interesse, surge, como resposta às exigências do novo regime político no sentido de maior severidade no cumprimento das penas, o Decreto n.º 14549, de 10 de Novembro de 1927, que criou um regime progressivo no cumprimento das penas, extremamente duro, em que a pena era dividida em três períodos iguais. No primeiro havia completa separação entre os condenados, sem qualquer comunicação entre eles, e com trabalho obrigatório na cela. No segundo período, a separação entre condenados continuava a ser a regra, excepto quanto ao trabalho nas oficinas, devendo, de qualquer modo, manter-se um rigoroso silêncio. Finalmente, no terceiro período do cumprimento da pena, os reclusos podiam comunicar entre si durante o trabalho e os recreios.[7] A rigidez do regime foi algo flexibilizada pelo Decreto n.º 20887, de 13 de Fevereiro de 1932, tendo-se, todavia, mantido o sistema rígido até à Organização Prisional de 1936, que instituiu um regime que, sendo também progressivo, se demonstrava mais flexível e racional.

A Constituição de 11 de Abril de 1933 integra preceitos que se repercutem no direito penitenciário, designadamente referindo os fins das penas. Assim, o artigo 123.º determina que *"Para a prevenção e repressão dos crimes haverá penas e medidas de segurança que terão por fim a defesa da sociedade e tanto quanto possível a readaptação social do*

---

[6] Preâmbulo do diploma.

[7] A este propósito, v. LOPES, José Guardado, *Achegas para a história do direito penitenciário português, in* BMJ, n.º 430 – Novembro – 1993, pág. 77.

delinquente". É de realçar a modernidade da expressão *"readaptação social do delinquente"*. Em 1971 (Lei n.º 3/71, de 16 de Agosto), foi alterado o artigo 8.º da Constituição, com repercussões em áreas importantes do direito penal e processual penal, destacando-se o número 11.º do referido preceito, que determinava *"não haver pena de morte, salvo no caso de beligerância com país estrangeiro e para ser aplicada no teatro da guerra, nos termos da lei penal militar, nem penas ou medidas de segurança privativas ou restritivas de liberdade pessoal com carácter perpétuo, com duração ilimitada ou estabelecidas por períodos indefinidamente prorrogáveis, ressalvadas as medidas de segurança que se fundem em anomalia psíquica e tenham fim terapêutico"*.

Em 1934, o Decreto n.º 24 476, de 8 de Setembro, criou uma Prisão Escola, em Leiria, para jovens delinquentes de mais de dezasseis anos, destinada a uma específica acção regeneradora, principalmente através do trabalho e da acção educativa.

2.1.3. *Reforma da Organização Prisional, de 1936*

Em 1936 é publicado o importante Decreto-Lei n.º 26 643, de 28 de Maio, que procede, como já referimos, à Reforma da Organização Prisional. É, desde logo, de referir que este diploma teve como principal responsável científico o Prof. Beleza dos Santos, que, no plano normativo, colocou o direito penitenciário português entre os mais progressivos da Europa no tratamento da execução das reacções criminais privativas da liberdade.

O Preâmbulo da Reforma de 1936 começa por referir que *"as condições de construção, instalação e localização dos edifícios (prisionais) são péssimas e os estabelecimentos insuficientes para o número de reclusos, donde os excessos de lotação prejudiciais à acção disciplinar e educativa, pois os reclusos vivem em promiscuidade inadmissível – presos preventivos ao lado de condenados, anormais ao lado de normais, delinquentes ocasionais ao lado de homens endurecidos no crime"*. Face a esta realidade, o diploma organiza *"os serviços destinados à execução da pena de prisão e das medidas de segurança, e de tudo o que constitue o seu natural complemento"*, conservando o que se tem revelado útil, mas introduzindo novos processos e modalidades de execução da pena. *"Contudo, não se tem a pretensão de resolver definitivamente o problema – tantos insucessos anteriores impõem limitações a uma aspiração exa-*

20 Relatório da Comissão de Estudo e Debate da Reforma do Sistema Prisional

gerada. Crê-se apenas que se melhora em muito o que existe e que o aperfeiçoamento dos meios de actuação deve trazer consigo resultados benéficos".

Dado não ser possível abordar exaustivamente todos os aspectos de relevo de tão significativa Reforma, limitar-nos-emos a salientar alguns deles.

A Reforma cria duas grandes classes de estabelecimentos prisionais: as prisões, por um lado, e os estabelecimentos para medidas de segurança, por outro. As prisões e os estabelecimentos dividem-se, por seu turno, em diversas modalidades, consoante o tipo de pena ou medida de segurança. Assim, as prisões gerais subdividem-se em cadeias comarcãs, cadeias centrais e cadeias penitenciárias. As cadeias comarcãs destinam-se ao cumprimento de pena de prisão até três meses, as cadeias centrais ao cumprimento da pena de prisão superior a três meses e as cadeias penitenciárias ao cumprimento da pena de prisão maior (i.e., penas superiores a três anos). Por outro lado, são criados vários tipos de prisões especiais, adequadas à natureza peculiar do delinquente, como sejam as prisões-escola, prisões-sanatório, prisões-maternidade ou prisões para criminosos políticos. Por último, o diploma cria em cada comarca uma cadeia preventiva, adequada também para cumprimento de penas de prisão de curta duração.

A Reforma de 1936 proclama a necessidade de individualizar a pena, uma vez que os meios para neutralizar *"as tendências, vícios ou defeitos que se propõem combater"* com a pena de prisão devem reflectir necessariamente a diversidade de tais tendências, vícios ou defeitos.

Neste sentido, o diploma reconhece o papel do trabalho na ressocialização do delinquente, afirmando no Preâmbulo que *"[o] trabalho foi sempre uma escola de virtude e, portanto, um instrumento de regeneração e da recuperação social dos condenados". "Deve o trabalho do preso ser remunerado como estímulo e porque é de justiça que o seja. A remuneração em todo o caso não será entregue integralmente ao preso. Uma parte destina-se ao Estado para pagamento da manutenção do preso, uma outra será para o pagamento da indemnização às vítimas do delito, e uma outra parte será destinada ao próprio preso, reservando-se desta uma importância para lhe ser entregue quando sair da prisão, constituindo um pecúlio".* Todavia, *"o trabalho não é suficiente por si próprio"*, não se devendo desprezar qualquer outro meio que contribua para a regeneração do delinquente. *"Por isso se organiza a assistência religiosa e moral, que sempre têm sido consideradas como podendo actuar sobre o carácter do homem e, portanto, sobre a regeneração do delinquente"*.

A Reforma de 1936 prevê também a criação de colónias de refúgio e albergues. Os albergues têm como fim dar *"pousada por alguns dias, poucos dias, a presos libertados ou indigentes"*; têm também a função de garantir o acolhimento de famílias dos presos, quando os vêm visitar. As colónias são destinadas a *"dar trabalho a antigos condenados postos em liberdade definitiva ou condicional e que se encontrem sem recursos ou ocupação"* (v. ponto 48 do Preâmbulo). Além disso, é confiada à Associação do Patronato a assistência moral e material aos reclusos e às suas famílias, durante a prisão e depois desta.

A Reforma Prisional de 1936 criou junto dos estabelecimentos prisionais de maior população a categoria dos assistentes e auxiliares sociais, destinados especialmente a *"proceder a inquéritos acêrca dos reclusos, a acompanhar estes na sua vida prisional e a velar por êles depois de colocados em liberdade definitiva ou condicional"*, tendo insistido em que o respectivo recrutamento se fizesse entre pessoas idóneas especialmente preparadas com um curso de serviço social, ministrado em escola pública ou privada.

Tanto quanto é do nosso conhecimento, não foi feito qualquer estudo oficial sobre os resultados práticos da aplicação desta reforma.

2.1.4. *De 1936 a 1979*

Concluído o resumo dos pontos essenciais da reforma de 1936, importa agora destacar os diplomas que, sucessores dessa Reforma, antecedem a de 1979.

Um passo muito importante na evolução legislativa, em matéria de execução das penas privativas da liberdade, foi dado com a criação do Tribunal de Execução das Penas, através das leis de 1944 e 1945 (Lei n.º 2000, de 16 de Maio de 1944, e Decreto-Lei n.º 34 553, de 30 de Abril), elaboradas sob a orientação do Prof. Cavaleiro Ferreira enquanto Ministro da Justiça. Estes diplomas reflectem, por um lado, a oposição clara, manifestada a partir da década de vinte, ao carácter administrativo da concessão da liberdade condicional, e, por outro, o reconhecimento de que a tutela efectiva dos direitos dos reclusos supõe que estes se possam dirigir a órgãos jurisdicionais. Nesse sentido, a Lei de 1944 determina

22 *Relatório da Comissão de Estudo e Debate da Reforma do Sistema Prisional*

que *"passam a ser da competência dos tribunais da execução das penas as funções que, nesta matéria, pertenciam ao Conselho Superior dos Serviços Criminais e ao Ministro da Justiça"*[8]. O Tribunal de Execução das Penas nasce, assim, da convicção de que seria essencial conferir competência a uma jurisdição especializada que fiscalizasse as limitações aos direitos dos reclusos que a execução de uma pena privativa da liberdade sempre acarreta. Na Europa, esta iniciativa só tinha precedente em Itália, onde tinha já sido introduzida a figura do juiz de vigilância no Código Penal de 1930. A referida lei de 1944 atribuiu ao tribunal de execução das penas competência para conceder, prorrogar e, em geral, revogar a liberdade condicional. Estes tribunais tinham ainda competência para proceder à reabilitação judicial dos condenados.

Actualmente é o Decreto-Lei n.º 783/76, de 29 de Outubro, com as alterações introduzidas pelos Decretos-Leis n.º 222/77, de 30 de Maio, n.º 204/78, de 24 de Julho, e n.º 402/82, de 23 de Agosto, que atribui o controlo geral da execução ao Tribunal de Execução das Penas (TEP). Face a este diploma, o TEP, para além de funções decisórias (relativas, por exemplo, à concessão ou revogação da liberdade condicional ou às alterações do estado de perigosidade criminal), tem competência para intervir na vida dos estabelecimentos prisionais e nas relações entre a administração e os reclusos, designadamente visitando os estabelecimentos, pelo menos mensalmente, *"a fim de tomar conhecimento da forma como estão a ser executadas as condenações"*, resolvendo, de acordo como o director do estabelecimento, *"as pretensões que os reclusos lhe exponham na altura das visitas"*, decidindo *"os recursos interpostos pelos reclusos relativos a sanção disciplinar que imponha internamento em cela disciplinar por tempo superior a oito dias"* e *"concedendo e revogando as saídas precárias prolongadas"* (artigo 23.º).

Diplomas de relevo posteriores a 1936 e anteriores à Reforma de 1979 são, ainda, o Decreto-Lei n.º 34 135, de 24 de Novembro de 1944, que cria uma Comissão para a organização do trabalho prisional e correccional, e o Decreto n.º 34 674, de 18 de Junho de 1945, que procede à regulamentação do trabalho prisional fora dos estabelecimentos prisionais. O primeiro diploma pretende que a Comissão criada garanta a *"boa ordenação administrativa e económica dos serviços que se prendem com o trabalho prisional"*, devendo, para tal, *"proceder ao estudo*

---

[8] Base I, n.º 2.

criterioso da administração financeira das explorações industriais e agrícolas dos estabelecimentos".[9] Por seu turno, o segundo diploma reconhece que, apesar de, em princípio, o trabalho dos presos dever ter lugar nas próprias oficinas ou explorações industriais e agrícolas dos estabelecimentos prisionais, *"a generalização desejável do emprego produtivo da mão de obra prisional e até a deficiência conhecida das instalações penitenciárias implicam a necessidade de se organizar a ocupação dos presos fora dos estabelecimentos, em campos e brigadas de trabalho"* [10], cabendo precisamente a este diploma o encargo de regulamentar os princípios legais que presidem à organização e funcionamento do trabalho prisional fora dos estabelecimentos.

Por último, é de referir, pelo seu interesse, o Decreto-Lei n.º 49040, de 4 de Junho de 1969. Este diploma surge em consequência de o grande número de pequenas cadeias comarcãs e julgados municipais se encontrar em desarmonia com a área e a população do país. Nesse sentido, o preâmbulo do diploma considera que *"um estabelecimento prisional carece, para funcionar eficazmente, não só de instalações, equipamento e pessoal, mas também de uma população prisional que alguns estudiosos fixam num mínimo de 25 presos. Ora, as médias dos últimos três anos demonstram que, das 197 pequenas cadeias das comarcas e julgados existentes, apenas 15 têm mais de 20 presos, ascendendo a 118 o número das que acusam médias inferiores a 5 presos ..."*. Impunha-se, por isso, proceder a uma redução substancial do número de cadeias, que não se deveria processar, todavia, de um momento para o outro, mas progressivamente. Este diploma pretendia precisamente definir os princípios pelos quais se iria proceder à extinção das cadeias comarcãs e dos julgados municipais e determinar a construção de estabelecimentos regionais, bem como a adaptação a este fim das cadeias comarcãs.

2.1.5. *Reforma Prisional, de 1979*

Com o 25 de Abril de 1974, entra-se num novo período da história portuguesa, caracterizado pela profundidade das transformações políticas, económicas e sociais ocorridas, que se revela também num labor

---

[9] Ponto 3 do preâmbulo do diploma.
[10] Preâmbulo do diploma.

legislativo implicando intensas alterações na execução das sanções criminais. O grande passo nesta matéria foi dado com a Reforma Penitenciária de 1979, aprovada pelo Decreto-Lei n.º 265/79, de 1 de Agosto, posteriormente alterado pelo Decreto-Lei n.º 49/80, de 22 de Março, e pelo Decreto-Lei n.º 414/85, de 18 de Outubro.

Aquele diploma trata de uma multiplicidade de problemas relacionados com a execução das penas, como, por exemplo, as finalidades da execução, a situação jurídica do recluso, a regulamentação do decurso da vida diária, o trabalho prisional, a assistência médico-sanitária, a assistência espiritual, as visitas, a correspondência, as licenças de saída do estabelecimento, a manutenção da segurança e a utilização de meios coercivos.

Regulando um leque tão variado de matérias ligadas ao sistema prisional, a Reforma Prisional de 1979, da autoria do Prof. Eduardo Correia, representa uma lei basilar quanto à execução das penas e medidas de segurança, pioneira na construção do novo direito prisional europeu, em conjunto com as leis italiana (1975), alemã (1976) e espanhola (1979). De facto, *"o Decreto-Lei n.º 265/79, de 1 Agosto, constitui uma espécie de lei fundamental em tema de execução das reacções criminais detentivas – penas e medidas de segurança privativas de liberdade –, cujas ideias mestras se casam completamente com as concepções político-criminais básicas do CP de 1982 em matéria de prisão"*[11].

A Reforma de 79 desenvolve-se, assim, em conexão com as disposições relevantes de direito prisional consagradas a nível constitucional, substantivo e adjectivo, e antecipa, por vezes, reformas de fundo e de maior fôlego. Trata-se de um documento que espelha as orientações veiculadas pelas mais importantes organizações internacionais, desde a ONU ao Conselho da Europa.

Vários são os pontos que merecem destaque nesta Reforma, mas, dada a limitação imposta pela natureza deste texto, limitar-nos-emos aos que parecem mais relevantes.

O diploma determina, no artigo 2.º, conjugado com os artigos 217.º e 218.º, que a finalidade da execução da pena de prisão é a prevenção especial positiva ou de socialização, que se traduz no dever do Estado de *"oferecer ao recluso as condições objectivas necessárias, não à sua*

---

[11] DIAS, Jorge de Figueiredo, *Direito Penal Português – As consequências jurídicas do crime*, Editorial Notícias, 1993, Lisboa, pág. 108.

emenda ou reforma moral, sequer à aceitação ou reconhecimento por aquele dos critérios de valor da ordem jurídica, mas à "prevenção da reincidência", por reforço dos standards de comportamento e de interacção na vida comunitária".[12]

Neste sentido, a Reforma materializa o ideário da reinserção social do delinquente e da individualização da execução da pena. Realce-se que este sentido ressocializador da execução da pena de prisão não decorre apenas da Reforma de 1979, sendo antes, e também, um imperativo constitucional. De facto, com a Constituição de 1976, as obrigações sociais do Estado, nomeadamente as que se referem à promoção do bem-estar social e da igualdade real entre os cidadãos, impõem também uma série de prestações devidas ao recluso, especialmente no sentido do auxílio necessário para que este, querendo, conduza a sua vida futura no sentido do respeito e aceitação das normas jurídico-penais, a fim de evitar o cometimento de "novos" crimes no futuro.[13]

O princípio da reinserção social do recluso manifesta-se no sistema de planificação individualizada, previsto no artigo 9.º da Reforma de 1979, construído a partir da ideia da importância de adequar a execução da pena às necessidades socializadoras do recluso.

O diploma define, designadamente, o tipo de estabelecimento em que o recluso deve ser internado e os programas formativos ou terapêuticos que deve frequentar. Este programa é individualizado, tendo na sua base a observação (prévia) da personalidade e do meio social, económico e familiar do recluso.

Por outro lado, a Reforma de 1979 define um conjunto de direitos dos reclusos em conformidade com a Constituição. O recluso deixa de ser "objecto" para passar a ser "sujeito" na execução da pena. Assim, o artigo 4.º determina que *"o recluso mantém a titularidade dos direitos fundamentais do homem, salvo as limitações resultantes do sentido da sentença condenatória, bem como as impostas em nome da ordem e da segurança do estabelecimento";* e o n.º 2 reforça esta ideia, proclamando que o recluso *"deve ter direito a um trabalho remunerado, aos benefícios da segurança social, assim com, na medida do possível, ao acesso à cultura e ao desenvolvimento integral da personalidade".* O recluso só

---

[12] DIAS, Jorge de Figueiredo, *op. cit.,* pág.110.

[13] Neste sentido, RODRIGUES, Anabela Miranda, *Novo olhar sobre a questão penitenciária,* Coimbra Editora, 2000, Coimbra, pág. 56.

26 *Relatório da Comissão de Estudo e Debate da Reforma do Sistema Prisional*

pode sofrer nos seus direitos as estritas limitações que correspondam à pena pronunciada e à situação de reclusão que esta implica.

Neste contexto, a Reforma vem considerar que o trabalho dos reclusos visa *"criar, manter e desenvolver no recluso a capacidade de realizar uma actividade com que possa ganhar, normalmente, a vida após a libertação, facilitando a sua reinserção social"* (art.º 63.º). Este propósito é coerente com o modo como se encara o fim da execução, já que, se a ressocialização tem em vista a prevenção da reincidência, o trabalho poderá contribuir em muito para que o recluso conduza a sua vida futura em liberdade sem praticar crimes. O trabalho irá proporcionar as chamadas competências sociais (conjugação de esforços numa actividade produtiva, divisão de tarefas e de responsabilidades, contribuição pessoal – socialmente reconhecida através da remuneração – para o aumento da riqueza geral e consequente promoção da auto-estima).[14]

Por outro lado, a Reforma inclui normas destinadas a flexibilizar a execução da pena de prisão, no sentido de possibilitar a construção da ideia de prisão aberta e em interacção com as comunidades locais, de acordo com as circunstâncias históricas e as capacidades do sistema prisional, prevendo formas concretas de participação das comunidades locais na vida prisional.

A Reforma de 1979 define a regulamentação dos principais aspectos da vida prisional, estabelecendo, como já dissemos, e a título de exemplo, regras relativas ao vestuário, alimentação, correspondência e saídas.

Refira-se, por último, o facto de a Reforma integrar um ideário moderno de execução das medidas de segurança aplicadas a inimputáveis perigosos.

Também aqui se verificou, com esta Reforma, o habitual fosso que separa a teoria da prática, ou o direito legislado da sua aplicação efectiva: basta dizer que a moderna e a todos os títulos louvável ideia do PIR – um "plano individual de readaptação" para cada recluso –, em cerca de um quarto de século (1979 a 2003), ainda não logrou obter aplicação efectiva nos estabelecimentos prisionais, designadamente por falta de meios humanos e materiais para a implementar e, sobretudo, por falta de uma sistemática vontade política e administrativa de organizar adequadamente a execução da reforma.

---

[14] Neste sentido, RODRIGUES, Anabela Miranda, *op. cit.*, págs. 95 e 96.

2.1.6. Depois de 1979

Analisada sumariamente a Reforma Prisional de 1979, importa esclarecer que o preâmbulo do diploma afirma que *"o tempo não permitiu o tratamento legal da assistência e orientação sociais (de reinserção ou prevenção) em matéria criminal, deixando-se a sua regulamentação para momento ulterior"*. Todavia, este objectivo não demorou a concretizar-se, tendo sido criado para o efeito o Instituto de Reinserção Social, através do Decreto-Lei n.º 319/82, de 11 de Agosto, competindo-lhe *"desenvolver as actividades de serviço social prisional e pós-prisional, bem como implementar as medidas penais não institucionais existentes ou que venham a ser consagradas na lei, relativamente a delinquentes imputáveis e inimputáveis"* (artigo 2.º). A criação do Instituto demonstra, pois, a vontade política de tornar exequível o novo sistema sancionatório, nomeadamente na parte respeitante às sanções executadas na comunidade, e de reformar o serviço social prisional.

Pelo Decreto-Lei n.º 204/83, de 20 de Maio, foi aprovada a primeira Lei Orgânica do Instituto, cujo artigo 2.º desenvolve e concretiza os desafios que lhe foram fixados no diploma de criação, atribuindo a este organismo a competência para *"promover a prevenção criminal, designadamente através da reinserção social de delinquentes, imputáveis, que cumpram medidas criminais institucionais ou não institucionais, bem como do apoio a menores em perigo ou de difícil adaptação social"*. De entre o leque das suas atribuições, fixadas no artigo 3.º da respectiva Lei Orgânica, deve o Instituto *"intervir na execução das medidas institucionais, nomeadamente nos estabelecimentos prisionais, instituições psiquiátricas ou outras, bem como prestar apoio aos delinquentes em liberdade condicional ou definitiva, por forma a facilitar a sua reinserção social"* (alínea e)).

Em 1 de Junho de 1984, foi celebrado um Protocolo de Acordo entre a Direcção-Geral dos Serviços Prisionais e o Instituto de Reinserção Social, estabelecendo os parâmetros definidores da actuação dos dois serviços nas áreas que, no âmbito das respectivas competências, se encontrem interligadas, sem prejuízo das competências específicas de cada um.

A evolução de ambas as instituições, as alterações legislativas e as práticas de trabalho vieram, contudo, a tornar este acordo progressivamente desactualizado.

A Lei Orgânica de 1995 (Decreto-Lei n.º 58/95, de 31 de Março), no contexto da reforma do direito penal, procede, no seu artigo 10.º, a uma consolidação do conteúdo da intervenção do IRS na execução da pena de prisão, cujo regime se aproxima do modelo probatório definido no âmbito da suspensão da execução da pena; e, no artigo 20.º, procede igualmente ao estabelecimento dos princípios orientadores da especial articulação e cooperação com os serviços prisionais.

Este diploma veio a sofrer alterações posteriores, a mais relevante das quais, no que concerne à intervenção em meio prisional, se operou com o Decreto-Lei n.º 204-A/2001, de 26 de Julho, que regula actualmente a orgânica do IRS. Com efeito, na sequência da alteração orgânica do Ministério da Justiça (Decreto-Lei n.º 146/2000, de 18 de Julho), o IRS deixou de incluir, nas suas atribuições, a promoção da reinserção social dos reclusos e a ligação com o respectivo meio sócio-familiar e profissional, bem como a assessoria aos TEP na elaboração de relatórios e planos para a concessão da liberdade condicional, matéria que passou a competir aos serviços prisionais.

Contudo, esta alteração legislativa nunca veio efectivamente a ser concretizada em termos práticos. Em 2002, o Ministério da Justiça deu orientação aos serviços no sentido de se manter a intervenção do IRS no sistema prisional.

Sucessor da Reforma Prisional de 1979 é ainda o Decreto-Lei n.º 401/82, de 23 de Setembro, que institui o regime penal especial aplicável a *jovens adultos*, no âmbito do qual se inscreve a medida de correcção em centro de detenção (artigo 6.º, alínea *d*), artigos 10.º a 13.º). Trata-se de uma medida aplicável a jovens maiores de 16 anos e menores de 21 anos, que implica a privação da liberdade por um período de curta duração. Esta medida não chegou a ter aplicação prática, por nunca terem sido instalados os centros de detenção.

É também de referir a legislação referente ao tráfico e consumo de estupefacientes e substâncias psicotrópicas. Assim, o Decreto-Lei n.º 15/93, de 22 de Janeiro, que veio substituir a primeira legislação específica sobre esta matéria (o Decreto-Lei nº 430/83, de 13 de Dezembro), ao considerar que o delinquente toxicodependente precisa de uma intervenção específica orientada para o tratamento, introduziu ajustamentos específicos às medidas e sanções penais, designadamente as de execução na comunidade, visando favorecer aquele objectivo.

De realçar, neste domínio, a previsão legal de programas de tratamento na execução das medidas de coacção, permitindo a substituição da prisão preventiva por internamento em estabelecimento adequado, bem como a introdução da obrigação de tratamento tanto na suspensão provisória do processo como na suspensão da execução da pena com regime de prova, verificado que seja o estado de toxicodependência, através de perícia médico-legal apropriada.

Este diploma prevê ainda a existência de zonas adequadas nos estabelecimentos prisionais para os reclusos toxicodependentes, bem como uma especial articulação entre os serviços de saúde e o sistema de justiça.

Nos últimos anos, a produção legislativa quanto ao sistema prisional revela forte preocupação com o elevado número de reclusos toxicodependentes e reclusos infectados com HIV.

Assim, a Lei n.º 109/99, de 3 de Agosto, estabelece que *"em cada estabelecimento prisional é garantida a assistência médica aos toxicodependentes reclusos, designadamente através de núcleos de acompanhamento médico"*.

Por seu turno, a Lei n.º 170/99, de 18 de Setembro, adopta medidas de combate à propagação de doenças infecto-contagiosas em meio prisional, o que passa pela realização gratuita, e de forma sistemática, de teste de rastreio de doenças infecto-contagiosas, quer à entrada, quer, periodicamente, durante a permanência do recluso na prisão, e pela tomada de medidas de prevenção geral, tanto em relação aos reclusos como em relação ao pessoal prisional, incluindo normas de higiene, segurança e saúde no trabalho.

Por outro lado, a Lei n.º 36/96, de 29 de Agosto, adopta providências relativamente a condenados em pena de prisão afectados por doença grave e irreversível em fase terminal, permitindo que estes reclusos possam beneficiar de modificação da execução da pena quando a tal se não oponham exigências de prevenção ou de ordem e paz social.[15]

Relativamente ao enunciado da legislação referente a problemáticas de saúde que marcam especialmente o meio prisional, há que referir, de novo, a enorme dificuldade de passar da legislação à aplicação prática da mesma, passagem essa que na maior parte dos casos não ocorre. Contudo, refira-se que a Comissão foi informada de que estão em curso trabalhos de articulação entre os Ministérios da Justiça e da Saúde, no

---

[15] Ainda a este propósito, e tendo como consequência uma alteração na população prisional, realce-se a Lei n.º 30/2000, de 29 de Novembro, que descriminaliza o consumo, a aquisição e a detenção para consumo próprio das chamadas *drogas leves*.

30   *Relatório da Comissão de Estudo e Debate da Reforma do Sistema Prisional*

sentido de criar condições para a aplicação ou alteração das normas já existentes e eventual criação de outras. Importa que esses trabalhos sejam concluídos e levados à prática com eficácia, como adiante se recomenda.

Com bastante importância para o sistema prisional, é ainda de destacar a Lei n.º 122/99, de 20 de Agosto, que regula a vigilância electrónica para cumprimento da obrigação de permanência na habitação, prevista no artigo 201.º do Código de Processo Penal.

2.1.7. *Considerações finais*

Por fim, e em conclusão, ressalta a ideia de que, em cem anos de história legislativa do nosso sistema prisional, os diplomas referidos espelham, ao longo dos tempos, ideias progressistas relativamente a este tema, além de revelarem uma boa técnica legislativa. Mas sabe-se (ao menos pelo que o legislador de cada reforma escreve sobre a situação das prisões do seu tempo, apesar da reforma anterior) que, em grande parte, as boas ideias não têm passado à prática e a realidade continua sempre a degradar-se.

Vê-se, assim, que o problema do nosso sistema prisional nunca foi como continua a não ser hoje, no essencial um problema de má legislação ou falta dela, antes consiste num problema de falta de visão global da estratégia adequada à execução das leis elaboradas (falta de vontade política e administrativa, falta de organização e de gestão, falta de meios humanos, técnicos e financeiros e, também, falta de empenhamento da própria sociedade no seu conjunto).

2.2. Dados estatísticos – um século de prisões em Portugal

Analisado o século XX numa perspectiva histórico-legal, importa agora focar, neste mesmo período, o sistema prisional na vertente estatística, nomeadamente no que diz respeito ao número total de estabelecimentos e respectiva lotação; aos reclusos existentes; à sua caracterização social; e à sua situação jurídico-penal.

Embora fosse desejável retratar estatisticamente o sistema prisional português em todo o século XX, limitações nas fontes de informação impossibilitam-nos de recuar para além de 1936, primeiro ano de publicação das *Estatísticas Judiciárias*[16]. Ao longo dos 68 anos em análise, compreendidos entre 1936 e 2003, observaram-se inúmeras alterações no formato de registo e apresentação das Estatísticas da Justiça em geral, e das estatísticas relativas à actividade da Direcção-Geral dos Serviços Prisionais (DGSP) em especial. Esta situação leva a que algumas das séries retrospectivas construídas com base na informação disponível se encontrem relativamente encurtadas no tempo. Tendo este facto presente, procurar-se-á, numa primeira fase, caracterizar a evolução da população prisional em sintonia com as alterações orgânicas e logísticas da DGSP ao longo dos 68 anos em análise. Num segundo momento, com uma janela temporal mais limitada (os últimos 20 anos), analisar-se-ão, com maior profundidade, tanto as características sociais e criminais da população prisional, como a relação entre estabelecimentos prisionais e reclusos.

Em termos metodológicos, uma vez que se detectou alguma incoerência na informação registada relativamente à actividade da DGSP, o questionamento das fontes é fundamental. Este facto encontra-se bem patente na frequente não coincidência de valores relativos ao total de reclusos de um determinado ano, por vezes referenciados na mesma publicação, outras vezes em publicações sequenciais. Seguidamente, centrar-se-á a análise na evolução do número de estabelecimentos prisionais, respectiva lotação, população prisional total e taxas de sobrelotação.

2.2.1. *Estabelecimentos Prisionais*

Ao longo dos 68 anos em análise, identificaram-se vários tipos de estabelecimentos para reclusos: cadeias civis; centrais; comarcãs; penitenciárias; colónias penais; prisões-escola; prisões para criminosos de

---

[16] O Decreto-Lei n.º 26:030, de 9 de Novembro de 1935, regulamenta o Sistema de Notação Estatística por forma a que em 1936 seja publicado o primeiro número das *Estatísticas Judiciária*s. O Instituto Nacional de Estatística (INE) foi responsável pela publicação oficial dos dados relativos à actividade da Justiça em Portugal ao longo dos 30 anos (1936-1966) de existência das *Estatísticas Judiciárias* (19 números no total) e dos primeiros 15 anos (1968-1982) das *Estatísticas da Justiça* (9 números no total). O Gabinete de Estudos e Planeamento do Ministério da Justiça (actual Gabinete de Política Legislativa e Planeamento – GPLP), por delegação de competências do INE, dá continuidade, em 1983, à publicação desta mesma informação (19 números até ao presente).

difícil correcção; prisões-hospitais; prisões-sanatórios. Mais recentemente, os estabelecimentos prisionais passaram a dividir-se em centrais, especiais, regionais e cadeias de apoio, o que naturalmente influencia a evolução do número absoluto de estabelecimentos prisionais (Gráfico 1).

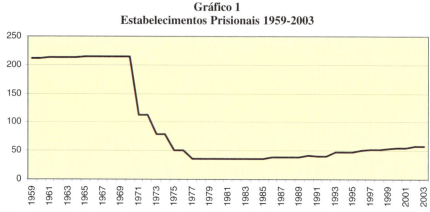

Gráfico 1
Estabelecimentos Prisionais 1959-2003

Fonte: *Estatísticas Judiciárias* (1936-1966), *Estatísticas da Justiça* (1968-2001), DGSP (2002-2003).

Até 1970, observa-se uma significativa influência das cadeias comarcãs no número total de cadeias em território nacional[17]. A título de exemplo, em 1947 existiam 204 cadeias comarcãs num total de 211 estabelecimentos (96,7%). Na sequência das alterações de fundo, em termos logísticos e orgânicos, implementadas pela DGSP no decorrer da década de 70, atinge-se, em 1977, os 37 estabelecimentos de reclusão, número mínimo observado ao longo do período em análise. Após alguma estabilização, de 1986 a 2003 este valor voltou a crescer, existindo presentemente um total de 55 estabelecimentos prisionais, divididos por 17 centrais, 3 especiais e 35 regionais[18].

---

[17] Cfr. Decreto-Lei n.º 49040, de 6 de Junho de 1969, e ponto 25 do capítulo relativo à evolução histórico-legislativa deste relatório.

[18] Estabelecimentos Prisionais Centrais: Alcoentre, Carregueria, Castelo Branco, Caxias, Coimbra, Funchal, Izeda, Linhó, Lisboa, Monsanto, P. Ferreira, P. Da Cruz, Porto, Santarém, S.C. do Bispo, Sintra, Vale de Judeus. Estabelecimentos Prisionais Especiais: Leiria, Tires, e Hospital S. J. D. Estabelecimentos Prisionais Regionais: A Heroísmo, C. Apoio da Horta, Aveiro, Beja, Braga, Bragança, C. Raínha, C. Branco, Chaves,

2.2.2. Lotação dos estabelecimentos prisionais

O Gráfico 2 mostra a relação entre a lotação dos estabelecimentos prisionais e a evolução do número de reclusos.

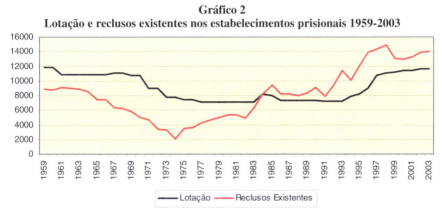

Gráfico 2
Lotação e reclusos existentes nos estabelecimentos prisionais 1959-2003

Fonte: *Estatísticas Judiciárias* (1959-1966), *Estatísticas da Justiça* (1968-2001), DGSP (2002-2003).

Conforme se pode observar pelo Gráfico, até meados da década de 80 nunca houve, porém, uma situação de sobrelotação nos estabelecimentos prisionais nacionais. Desde 1984, primeiro ano de real sobrelotação prisional, até ao início de 2003, observa-se uma evolução crescente da população prisional, contrariada a espaços por pequenos e insuficientes recuos consequentes das amnistias de 1991, 1994 e 1999. Numa procura de acompanhar esta evolução, a DGSP, desde 1992/93 [19], tem feito um esforço para aumentar a capacidade da lotação máxima do sistema prisional. Ainda assim, verificamos a existência, em 15 de Novembro de 2003, de uma taxa de ocupação da ordem dos 121% (Gráfico 3).

Coimbra, Covilhã, Elvas, Évora, Faro, Felgueiras, Funchal, Guarda, Guimarães, Lamego, Leiria, Monção, Montijo, Odemira, Olhão, P. Delgada, Portimão, S. Pedro do Sul, Setúbal, Silves, T. Novas, V. Castelo, Vila Real, Viseu, P.J. Lisboa, e P.J. Porto.

[19] Realce-se o facto de em 1993 ter ocorrido a mais elevada taxa de ocupação: 157,4%.

Gráfico 3
Evolução da taxa de ocupação 1959-2003

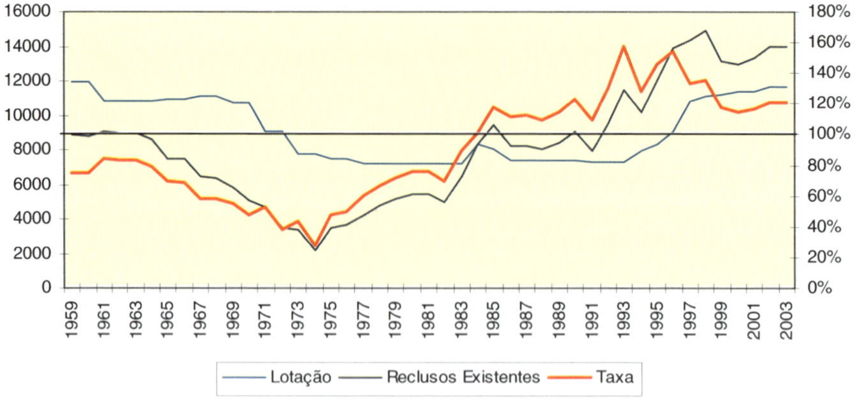

Fonte: *Estatísticas Judiciárias* (1959-1966), *Estatísticas da Justiça* (1968-2001), DGSP (2002-2003).

A análise desagregada por tipo de estabelecimento prisional evidencia que, desde 1995/96, se tem observado algum decréscimo da sobrelotação prisional nos três tipos existentes. Ainda assim, e sendo certo que a situação menos negativa se verifica nos estabelecimentos especiais (102% em 2003), *os estabelecimentos regionais, com valores acima dos 145%, encontram-se, ao longo dos últimos anos, numa situação de saturação permanente* (Gráfico 4).

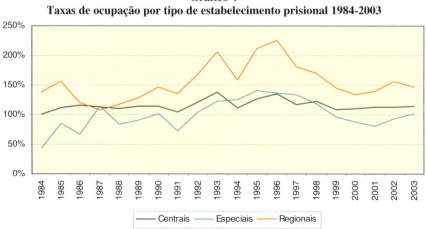

Gráfico 4
Taxas de ocupação por tipo de estabelecimento prisional 1984-2003

Fonte: *Estatísticas da Justiça* (1984-2001), DGSP (2002-2003).

2.2.3. *População prisional*

A evolução total da população prisional entre 1936 e 2003 encontra-se directamente dependente da evolução do número de reclusos condenados. Ainda assim, evidencia-se, nas últimas duas décadas, um crescimento significativo dos reclusos preventivos, superando os 4 mil em Novembro de 2003 (Gráficos 5 e 6).

Gráfico 5
População prisional, condenados e preventivos 1936-2003

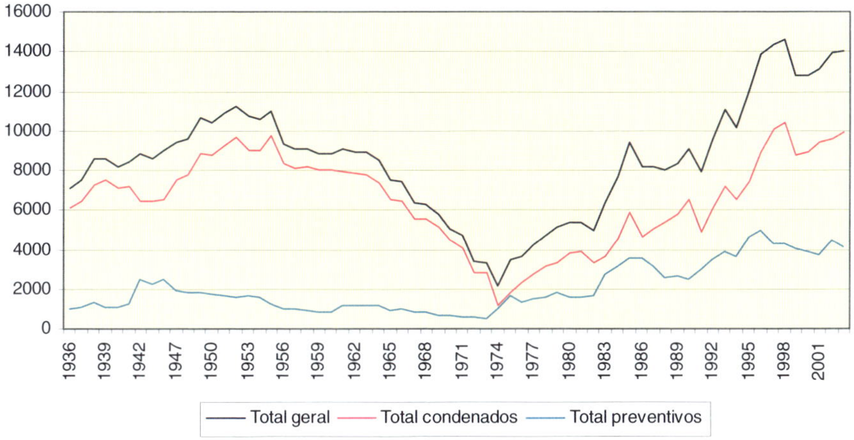

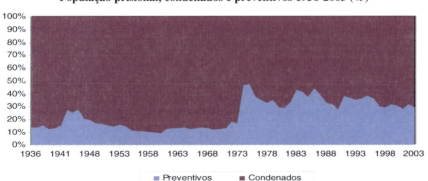

Fonte: *Estatísticas Judiciárias* (1936-1966), *Estatísticas da Justiça* (1968-2001), DGSP (2002-2003).

Gráfico 6
População prisional, condenados e preventivos 1936-2003 (%)

Fonte: *Estatísticas Judiciárias* (1936-1966), *Estatísticas da Justiça* (1968-2001), DGSP (2002-2003).

Como se pode ver pelo Gráfico 6, observa-se, em termos relativos, um crescimento iniciado em 1974 do peso dos reclusos preventivos. Nos últimos anos, registam-se valores médios próximos dos 30% do total da população prisional.

2.2.4. *Crimes cometidos e sanções aplicadas*

Considerando o universo dos reclusos condenados, analisar-se-ão seguidamente os tipos de crimes cometidos e as sanções aplicadas.

Tendo em conta os dados desagregados para os anos compreendidos entre 1993 e 2002, verifica-se que, apesar de os crimes relativos a estupefacientes registarem uma tendência de crescimento desde 1993, só em 1999 o número de reclusos condenados a pena de prisão efectiva devido a crimes relativos a estupefacientes ultrapassa o número de condenados por crimes contra o património (Gráficos 7 e 8). A este facto não é alheio o perdão de penas de 1999 que, entre outros crimes, excluía da sua aplicação os relativos a estupefacientes.

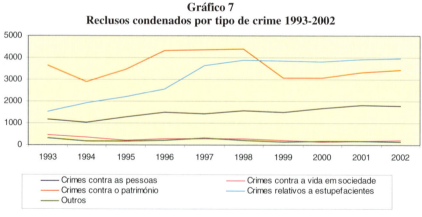

Gráfico 7
Reclusos condenados por tipo de crime 1993-2002

Fonte: *Estatísticas da Justiça* (1993-2001); DGSP (2002).

Gráfico 8
Reclusos condenados por tipo de crime 1993-2002 (%)

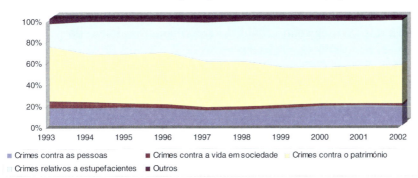

Fonte: *Estatísticas da Justiça* (1993-2001), DGSP (2002).

O crescimento do peso percentual dos crimes relativos a estupefacientes (42% em 2002) é claramente perceptível neste último Gráfico, sendo igualmente visível o decréscimo da importância relativa dos crimes contra o património (de 51,2% em 1993 para 36% em 2002).

O Gráfico 9 mostra a evolução da duração da pena de prisão efectiva no período de 1984 a 2002.

Gráfico 9
Condenados a prisão efectiva por duração da pena aplicada 1984-2002

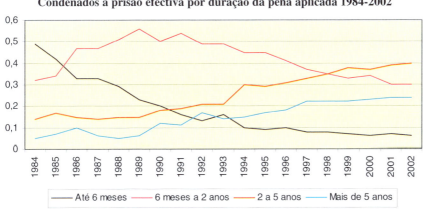

Fonte: *Estatísticas da Justiça* (1984-2001), GPLP (2002).

Como se pode ver no Gráfico 9, verifica-se um decréscimo gradual e constante das penas *até 6 meses* (6% em 2002) e, desde 1991, das penas de *6 meses a 2 anos* (30% em 2002). Por sua vez, as penas de média e longa duração registam acentuado crescimento ao longo do período em análise, realçando-se o peso das penas de *2 a 5 anos* (40% em 2002), e de *mais de 5 anos* (24% em 2002), contribuindo tal facto fortemente para o crescimento da população prisional.

O Gráfico 10 mostra a evolução do peso relativo da duração das penas de média e longa duração dos reclusos condenados, existentes a 31 de Dezembro de cada ano nos estabelecimentos prisionais. Como se pode ver pelo Gráfico, o peso relativo das penas de 3 a 9 anos tem evoluído de forma crescente (60% do total de reclusos condenados em 2002), ao passo que o peso relativo das penas de mais de 9 anos se mantém estável, na ordem dos 20%.

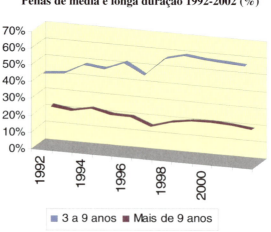

Gráfico 10
Penas de média e longa duração 1992-2002 (%)

Fonte: *Estatísticas da Justiça* (1992-2001), DGSP (2002).

Considerando o universo das penas e medidas aplicadas, verifica-se que ao longo dos últimos anos a pena de prisão não substituída e não suspensa (vulgo "prisão efectiva") tem vindo a perder peso relativo (Gráfico 11).

Gráfico 11
Penas e medidas aplicadas 1992-2002 (%)

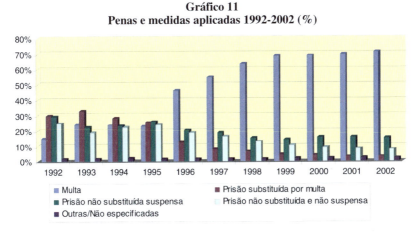

Fonte: *Estatísticas da Justiça* (1992-2001), GPLP (2002).

Como se vê, nos últimos anos, a pena mais aplicada é, de longe, a multa; em segundo lugar, vem a prisão com pena suspensa; em terceiro, a prisão efectiva; e em quarto, as restantes. A percentagem da prisão efectiva no conjunto das condenações penais em 2002 foi de 7,9%, em comparação com os 71,3% de casos em que foi aplicada a pena de multa.

Ainda assim, em consequência de dois outros factores, tal facto não tem tido qualquer repercussão positiva na tendência evolutiva crescente do número absoluto de condenados, a 31 de Dezembro de cada ano, que se encontram nas prisões nacionais.

Por um lado, o facto de diminuir o peso relativo das condenações a pena de prisão efectiva nada diz relativamente ao valor absoluto dos condenados ao mesmo tipo de pena. Isto é, caso o universo total de penas e medidas aplicadas cresça de forma acentuada no decorrer do período em análise, poderá um número absoluto muito aproximado de reclusos continuar a entrar no sistema prisional e, em simultâneo, diminuir o seu peso relativo no conjunto dos indivíduos sujeitos, num determinado ano, a uma pena ou medida penal.

Fonte: *Estatísticas da Justiça* (2001), GPLP (2002).

Conforme se pode observar no Gráfico 12, embora o peso relativo dos condenados a pena de prisão efectiva diminua consideravelmente entre 1992 e 2002, passando de 25% para 8%, o seu valor absoluto não acompanha tão vincadamente esse movimento, passando de 7 528 condenados para 4 907, respectivamente. Há efectivamente um decréscimo no valor absoluto, mas este está longe de ser tão acentuado quanto a queda do seu peso relativo faria supor.

Em segundo lugar, como a duração média das penas de prisão efectiva tem, ao longo dos últimos anos, evoluído crescentemente – como parece resultar das estatísticas disponíveis –, com a primazia dos crimes relativos a estupefacientes na origem da reclusão, a permanência de condenados em situação de reclusão é mais longa. Assim, o crescente período de tempo que cada condenado cumpre de pena de prisão efectiva justifica, em grande medida, o paulatino engrossar do contingente, mesmo que as entradas anuais diminuam em termos absolutos.

Deste modo, uma diminuição do peso relativo da pena de prisão não substituída por multa e não suspensa – a "prisão efectiva" – não significa necessariamente uma diminuição efectiva do número absoluto de reclusos condenados no sistema prisional. Encontram-se aqui em causa duas realidades claramente interligadas mas distintas.

2.2.5. *Características da população prisional*

Nesta secção procede-se à caracterização da população prisional por género, grupos etários, nacionalidade e instrução.

Apenas em 1997 as mulheres representaram mais de 10% do total da população prisional. Em 15 de Novembro de 2003, existiam 1 061 mulheres em estabelecimentos prisionais nacionais, representando 7,6% do total de reclusos (Gráfico 13).

Gráfico 13
População prisional por género 1936-2003 (%)

Fonte: *Estatísticas Judiciárias* (1936-1966), *Estatísticas da Justiça* (1968-2001), DGSP (2002-2003)

Quanto à idade, ao longo dos 18 anos em análise, observa-se um crescimento acentuado dos reclusos com idades compreendidas entre os *25 e os 39 ano*s, praticamente duplicando o seu valor em termos absolutos. Realce-se igualmente o aumento da população prisional no grupo de idades que vai dos *40 aos 59 anos* (Gráfico 14).

Gráfico 14
População prisional por grupo de idades 1984-2002

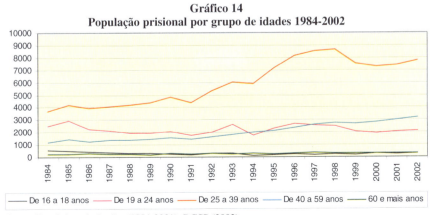

Fonte: *Estatísticas da Justiça* (1984-2001); DGSP (2002).

Em sintonia com o anterior, o Gráfico 15 permite verificar que o valor percentual dos jovens adultos (de 16 a 24 anos) na população reclusa tem vindo a diminuir consideravelmente. Desta forma, se em 1984 os reclusos com idades compreendidas entre os 16 e os 24 anos representavam 37% do total, em 2002 representam apenas 18%.

Gráfico 15
População prisional por grupos de idade 1984-2002 (%)

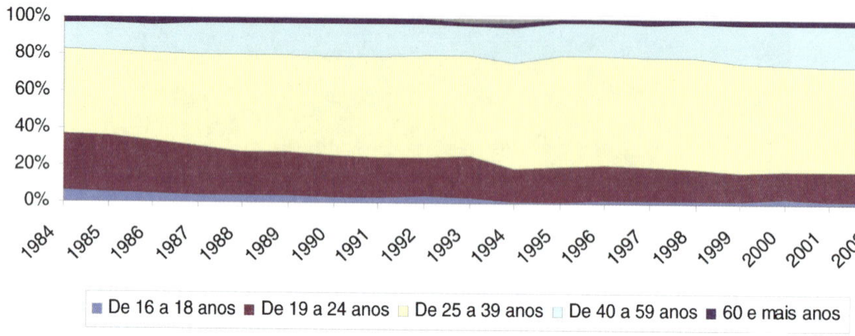

Fonte: *Estatísticas da Justiça* (1984-2001), DGSP (2002).

Entre 1980 e 2002, os reclusos com o ensino básico são largamente dominantes, representando valores sempre na ordem dos 70%. Observa-se, ainda, ao longo do período em análise, por um lado, um decréscimo dos reclusos analfabetos e, por outro, que os reclusos detentores de ensino secundário nunca ultrapassaram os 17% verificados em meados da década de 90 (Gráfico 16).

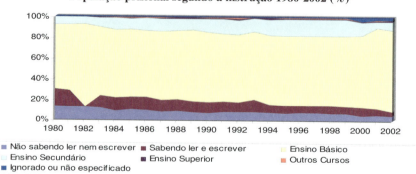

Gráfico 16
População prisional segundo a instrução 1980-2002 (%)

Fonte: *Estatísticas da Justiça* (1980-2001), DGSP (2002).

O Gráfico 17 mostra a evolução do peso relativo dos reclusos estrangeiros no sistema prisional.

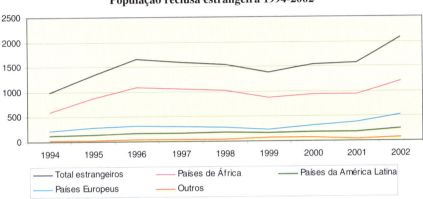

Gráfico 17
População reclusa estrangeira 1994-2002

Fonte: *Estatísticas da Justiça* (1994-2001), DGSP (2002).

O total de reclusos estrangeiros, detendo em 2002 a percentagem mais elevada dos últimos 9 anos – 15,2% –, evoluiu sob a influência do crescimento dos reclusos detentores de uma nacionalidade africana. Contrariando a evolução dos anos anteriores, os efectivos neste último grupo de nacionalidades aumentam entre 2001 e 2002. Em paralelo, observa-se um crescimento dos reclusos detentores de uma nacionalidade europeia. Pode afirmar-se que esta evolução se encontra associada à entrada, nos últimos anos, de cidadãos do Leste europeu no sistema prisional.

2.2.6. *Ocupação dos reclusos e pessoal nos estabelecimentos prisionais*

Nesta secção, analisar-se-ão dados relativos à ocupação da população prisional (Gráfico 18), e ao pessoal ao serviço nos estabelecimentos prisionais (Gráfico 19).

Gráfico 18
A ocupação da população reclusa 1984-2002 (%)

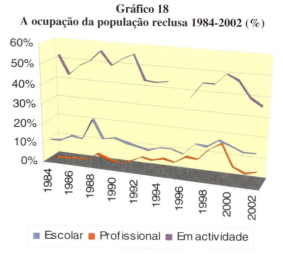

Fonte: *Estatísticas da Justiça* (1994-2001), DGSP (2002).

Quanto às acções de formação desenvolvidas nos estabelecimentos prisionais, e embora os dados existentes denunciem uma inconstância permanente, pode-se concluir que nos últimos anos tanto os reclusos em acções de formação escolar como, principalmente, os reclusos em acções de formação profissional têm vindo a diminuir.

Gráfico 19
Pessoal ao serviço 1984-2002 (%)

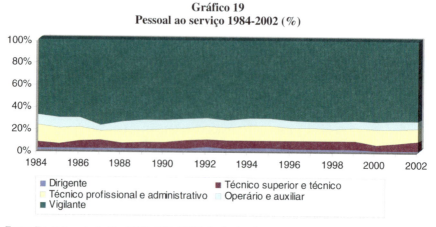

Fonte: *Estatísticas da Justiça* (1984-1993; 2001). Dados inexistentes para 2002.

Relativamente ao pessoal ao serviço nos estabelecimentos prisionais, observa-se uma predominância do pessoal vigilante, categoria que tem vindo a crescer de forma gradual nas últimas décadas, procurando acompanhar a evolução da população prisional. Desta forma, e considerando o total dos reclusos e o total dos guardas prisionais (independentemente de escalas, folgas e férias), se em 1984 havia 4,5 reclusos por cada guarda prisional, em 2002 a relação desceu para 3 reclusos por cada guarda.

Gráfico 20
Pessoal vigilante e população prisional 1984-2002

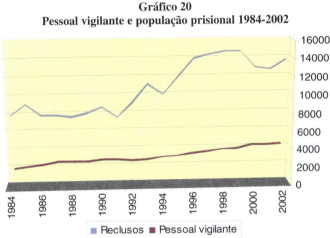

Fonte: *Estatísticas da Justiça* (1984-1993; 2001), DGSP (2002).

2.2.7. *Considerações finais*

Analisaram-se, neste capítulo, os dados estatísticos relativos aos 68 anos compreendidos entre 1936 e 2003. As diferentes formas de notação e apresentação da informação estatística detectadas ao longo deste período influenciaram negativamente a possibilidade de produção de séries retrospectivas mais longas. Tendo presentes estas limitações, procurar-se-ão extrair algumas conclusões relativas ao sistema prisional, sua população e actividade:

  a) Com a extinção efectiva, no decorrer da década de 70, das cadeias comarcãs, observou-se uma diminuição acentuada do número de estabelecimentos prisionais em Portugal. Os 55 estabelecimentos existentes presentemente, embora com uma capacidade consideravelmente superior, estão muito longe do valor observado em 1936, ou seja, 186 estabelecimentos;

b) Embora a população prisional tenha vindo gradualmente a aumentar desde meados da década de 70, é apenas em 1984 que a situação de ruptura na resposta do sistema se observa, resultando num cenário de grande sobrelotação. Após se terem verificado valores superiores a 150% (1993 e 1996), existe actualmente uma resposta um pouco mais esforçada do sistema, através de leis de amnistia ocasionais e de um aumento efectivo da lotação dos estabelecimentos, no sentido de diminuir aquele valor[20]. Actualmente, a sobrelotação prisional é de 20%, claramente influenciada pela situação negativa observada nos estabelecimentos prisionais regionais (154% em Janeiro de 2003);

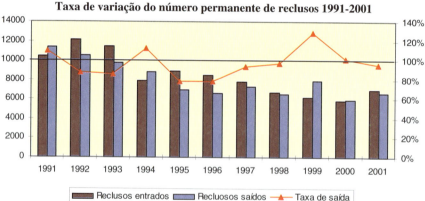

Gráfico 21
Taxa de variação do número permanente de reclusos 1991-2001

Fonte: *Estatísticas da Justiça* (1983-2001); DGSP (2002).

---

[20] A taxa de ocupação do sistema prisional era, em 1990, na ordem dos 122,5%. Em 1991, e isto na sequência da primeira amnistia da década, atinge-se o valor mais baixo de todo o período em análise (108,4%). O impacto não foi superior em consequência de este ter sido o único ano, em toda a década, no qual houve uma redução da lotação do sistema prisional (-119 vagas). Nos dois anos seguintes, tendo-se mantido idêntica a lotação, a taxa de ocupação cresceu 49%, atingindo-se em 1993 o valor mais elevado do período: 157,4%. A segunda amnistia da década surge em 1994, que, conjugado com um aumento de lotação na ordem das 630 vagas, provocou a maior redução na taxa de ocupação durante o período em análise (-29,3%). Entre 1994 e 1996, apesar de um aumento da

c) O crescimento observado da população prisional encontra-se directamente ligado ao movimento anual de reclusos. Da análise desse indicador constata-se que apenas em anos de amnistia (1991, 1994, 1999) o número de reclusos saídos dos estabelecimentos prisionais foi superior ao número de reclusos entrados. Pode assim concluir-se que, na última década, todos os esforços extra-amnistias no sentido de diminuir o número de reclusos têm sido infrutíferos (Gráfico 21);

d) Em sintonia com o aumento da população prisional observado desde meados da década de 70, encontra-se o crescimento dos reclusos preventivos. Em Janeiro de 2003, este universo representa 31% do total de reclusos (cerca de 4 400 indivíduos), valor significativamente superior ao observado em 1936 – 13,5% do total dos reclusos (952 indivíduos);

e) O aumento da população prisional encontra-se ainda directamente ligado ao aumento de condenados por crimes relacionados com estupefacientes (tipos que em 1998 foram a fonte mais frequente de situações de reclusão) e à pesada moldura sancionatória que lhes corresponde. Em consequência, o aumento das penas de prisão efectiva de média e longa duração é uma realidade no decorrer da década de 90, contribuindo significativamente para permanências mais prolongadas de mais indivíduos em reclusão nos estabelecimentos prisionais;

f) Relativamente à caracterização social dos reclusos, estes são na sua larga maioria homens, entre os 25 e os 39 anos, portugueses e com o ensino básico. As mulheres, à excepção de 1997, nunca ultrapassaram os 10% do total de reclusos. Relativamente à

---

lotação superior às 1100 vagas, volta a observar-se um crescimento da taxa de ocupação (+26,1%), atingindo-se em 1996 a segunda maior taxa de ocupação dos últimos anos (154,2%). Em 1997, desta feita em consequência apenas de um significativo aumento da lotação do sistema (+ 1764 vagas), observa-se a segunda maior redução na taxa de ocupação durante a década (-20,8%). Em 1998 regista-se uma taxa de ocupação na ordem dos 134,5%, levando a que no ano seguinte seja aprovada uma nova lei da amnistia que, conjuntamente com um acréscimo de 120 vagas na lotação do sistema, reduz em 17,4% a sobrelotação. De 1999 para 2000, observa-se novamente uma redução da sobrelotação (-3,3%), em consequência de um aumento na lotação prisional (+186 vagas). Nos dois últimos anos (2001 e 2002), apesar de algum aumento da lotação (+257 vagas), a taxa de ocupação voltou a crescer (+6,3%), sendo de 120,1% em finais de 2002.

48   *Relatório da Comissão de Estudo e Debate da Reforma do Sistema Prisional*

idade, nota-se, por um lado, uma diminuição do número absoluto de *jovens adultos* e, por outro, algum envelhecimento da população prisional, nomeadamente no grupo de idades dos 40 aos 59 anos. Os estrangeiros representam, em finais de 2002, 15% do universo total, praticamente quatro vezes mais do que o peso dos estrangeiros legalmente registados em Portugal. Ao longo das duas últimas décadas, observou-se uma diminuição dos reclusos analfabetos, predominando os detentores do ensino básico;

g) As respostas do sistema prisional, em termos de efectivos, sobressaem no tocante ao pessoal de vigilância, numa procura de acompanhamento da evolução da população prisional (em 2002 há mais do dobro do número de guardas existentes em 1984, passando-se, em termos absolutos, de 4,5 reclusos por cada guarda para 3,3);

Gráfico 22
Reclusos por 100 mil habitantes 1980-2002

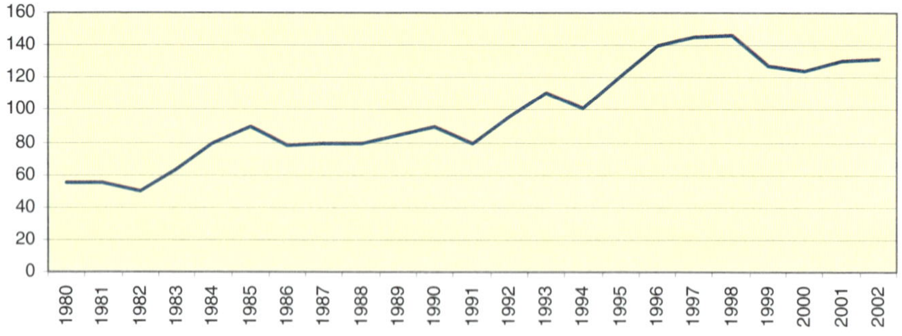

Fonte: *Estatísticas da Justiça* (1984-2001), GPLP (2002).

h) Por último, o número de reclusos por 100 mil habitantes tem vindo a crescer, ao longo das duas últimas décadas, de forma mais pronunciada que o crescimento populacional nacional, existindo em 2002 cerca de 132 reclusos por cada 100 mil habitantes, cerca de duas vezes e meia mais do que em 1980 (55).

III – O SISTEMA PRISIONAL PORTUGUÊS NO CONTEXTO EUROPEU

3.1. Breve análise de algumas ordens jurídicas estrangeiras

Conforme foi referido na introdução deste relatório, importa que, em sede de reforma do sistema prisional português, se proceda a uma breve análise da legislação prisional de diferentes países. De facto, o estudo de soluções adoptadas por ordens jurídicas estrangeiras em relação a determinado instituto jurídico revela-se um importante instrumento de política legislativa.

Não se procede aqui a um estudo de direito comparado, na medida em que não se utiliza o método comparativo em sentido rigoroso: apenas se procede à apresentação sucessiva de diferentes ordenamentos jurídicos[21]. Neste capítulo, pretende-se enunciar os diplomas mais relevantes que regulam o sistema prisional em cada país. Teve-se em conta a preocupação de realçar a distinta sistematização legislativa das várias ordens jurídicas: de facto, a vida nas prisões ora surge regulada em leis avulsas, ora, pelo contrário, no Código de Processo Penal. Casos há ainda em que cada estabelecimento prisional tem um regulamento interno, que se revela um instrumento crucial no funcionamento do mesmo.

Para além da análise das leis basilares do sistema prisional em cada país, importa analisar, ainda que sumariamente, outros diplomas que regulam matérias específicas relativas à vida nas prisões.

No estudo dos diferentes diplomas, ter-se-á em especial atenção o tratamento prisional (e os objectivos que a ele presidem), os direitos e deveres dos reclusos, as condições dos estabelecimentos prisionais e o trabalho prisional.

Sendo grande o desafio, mas breve a análise, espera-se, de qualquer modo, que este capítulo possa contribuir para um melhor conhecimento do sistema prisional em alguns países europeus.

---

[21] Efectua-se o estudo de seis ordenamentos jurídicos europeus, escolhidos de acordo com a sua relevância e/ou proximidade face à cultura jurídica portuguesa: Espanha, Itália, Alemanha, França, Bélgica e Inglaterra.

3.1.1. *Espanha*

O sistema prisional espanhol é regulado por dois diplomas principais: por um lado, a *"Ley Orgánica 1/1979"*, de 26 de Setembro, modificada pela *"Ley Orgánica 13/1995"*, de 18 de Dezembro, estabelece os princípios gerais do sistema penitenciário espanhol (*"General Penitenciaria"*); por outro, o *"Real Decreto 190/1996"*, de 9 de Fevereiro, que aprova o *"Reglamento Penitenciário"*, concretiza e executa aquela Lei Orgânica.

A *"Ley Orgánica 1/1979"*, contemporânea da Reforma de 1979 operada em Portugal, abre com a proclamação de que os estabelecimentos penitenciários têm como fim primordial a reeducação e a reinserção social dos reclusos, a detenção e custódia dos mesmos, tendo ainda um papel de assistência aos ex-reclusos libertados. A reeducação e reinserção social dos reclusos são procuradas através do tratamento penitenciário, ao qual se dedica o Título III do diploma. O tratamento tem, assim, como escopo tornar o recluso numa pessoa com a intenção e capacidade de viver respeitando a lei penal, assim como de responder às suas carências e necessidades. Para tal, pretende-se, na medida do possível, desenvolver nos reclusos uma atitude de respeito por si mesmos, de responsabilidade individual e social e de respeito pela sua família, pelo próximo e pela sociedade em geral.

O artigo 62.º determina que se fomentará a participação do recluso na planificação e execução do seu tratamento. Este será individualizado, através da adequada observação de cada recluso, procedendo-se à sua classificação, de modo a destinar o condenado ao estabelecimento correspondente ao tratamento que se considera correcto. A classificação deve tomar em conta não apenas a personalidade e o historial individual, familiar, social e de delinquência do recluso, mas também a duração da pena ou medida de segurança, e o meio a que provavelmente regressará o recluso quando liberto. A evolução do tratamento pode determinar uma nova classificação do recluso, com a consequente proposta de transferência para novo estabelecimento.

Os direitos dos reclusos são estabelecidos no artigo 3.º do diploma, que determina, designadamente, que estes poderão exercer os seus direitos civis, políticos, sociais, económicos e culturais, e que conservam o direito a usufruir das prestações de segurança social adquiridas antes do ingresso no sistema penitenciário. Por seu turno, o artigo 6.º estabelece a proibição de os reclusos serem submetidos a maus tratos verbais ou físicos. Destacamos o preceito relativo ao vestuário, que determina que os reclusos têm o direito de usar as suas próprias roupas, desde que adequadas à sua condição, ou optar pelo vestuário fornecido pelo estabelecimento, que deve ser adaptado às condições climatéricas e desprovido de qualquer elemento que possa afectar a dignidade do recluso.

O trabalho é tido como um direito e um dever do recluso, sendo um elemento fundamental do tratamento (art.º 26.º). Assim, o artigo 28.º determina, como regra, que todos os reclusos têm o dever de trabalhar consoante as suas aptidões físicas e intelectuais. Os presos preventivos não têm esta obrigação, mas podem trabalhar segundo a sua apetência e gostos.

Realçamos, por último, o Título V, que é dedicado ao *Juez de Vigilancia* (equivalente, no sistema português, ao juiz de execução das penas), que tem várias competências, das quais se destacam a salvaguarda dos direitos dos reclusos, a decisão sobre a concessão de liberdade condicional, e a resolução, por via de recurso, das reclamações formuladas por reclusos relativamente à aplicação de sanções disciplinares.

Como já acima se referiu, a Lei Orgânica é executada e concretizada pelo Real Decreto 190/1996, de 9 de Fevereiro, que aprova o Regulamento Penitenciário. Este diploma opera também uma reforma completa do antigo Regulamento Penitenciário, aprovado pelo Real Decreto 1201/1981, de 8 de Maio[22].

---

[22] Importa realçar que os objectivos que levaram o legislador espanhol, em 1996, a aprovar este novo Regulamento são, porventura, muito semelhantes àqueles que motivam hoje uma reforma do sistema prisional em Portugal. De facto, e tal como se explica no preâmbulo do novo Regulamento, este encontra a sua justificação no facto de a situação penitenciária em Espanha ser então muito distinta da existente em 1981 (e do antigo Regulamento). Por um lado, ocorreu um aumento notório do número de reclusos, exigindo um esforço para dotar a administração penitenciária de novas infra-estruturas e para adoptar novos modelos de gestão. Por outro, ocorreram variações significativas na população reclusa, com maior presença de mulheres e de reclusos estrangeiros; verificou-se ainda um envelhecimento da população reclusa; deu-se também uma variação do perfil da população prisional como consequência do predomínio da criminalidade urbana e suburbana e do desenvolvimento do fenómeno da delinquência organizada, gerando grupos de reclusos com um alto potencial de destabilização da segurança e da disciplina nos estabelecimentos prisionais. Por último, e também com especial vocação para justificar o novo Regulamento, aumentou a incidência de novas doenças entre a população reclusa, designadamente a toxicodependência e a SIDA, exigindo uma completa remodelação da lei no que se refere às prestações básicas da administração penitenciária.

O novo Regulamento apresenta várias inovações. Por um lado, aprofunda e melhora o princípio da individualização do cumprimento da pena. É prevista, para tal, a aplicação de modelos individualizados para presos preventivos (que representam 20% da população prisional), através do aumento de meios e actividades educativas, formativas, socioculturais e desportivas. Por outro, o Regulamento prevê formas especiais de execução da pena (Título VII), de saídas programadas e de programas de actuação especializada, pretendendo-se, assim, melhorar a preparação dos reclusos para a vida em liberdade, diminuir, na medida do possível, as carências e problemas que apresentam os reclusos, e evitar que a prisão constitua um período ocioso e sem sentido. Desenvolveram-se também as unidades para as mães reclusas e os departamentos mistos de homens e mulheres – estes, com carácter excepcional –, em cumprimento do princípio constitucional da protecção da família, e para minorar, na medida do possível, a desestruturação das famílias que tenham vários membros na prisão.

Por outro lado, o Regulamento desenvolve a abertura das prisões à sociedade, para potenciar o recurso da administração penitenciária a meios já existentes na sociedade civil e para fortalecer os vínculos entre os delinquentes, as suas famílias e a comunidade. Para atingir tal objectivo, o Regulamento prevê um variado elenco de contactos com o exterior (permissão de saídas, comunicações, desenvolvimento do regime aberto, tratamento extrapenitenciário).

Ainda como inovação em relação ao antigo Regulamento, destacamos o facto de o novo diploma efectuar uma redefinição do regime fechado (Título III, capítulo IV), estabelecendo, por um lado, departamentos especiais de controlo directo para os reclusos muito perigosos e, por outro, módulos ou centros para reclusos manifestamente inadaptados aos regimes comuns. Em qualquer caso, e em ambas as modalidades, realizam-se actividades para atender às necessidades de tratamento dos reclusos e incentivar a sua adaptação ao regime ordinário.

Ainda com significativo interesse, o Regulamento procede à regulamentação de matérias que afectam o direito à intimidade dos reclusos, como seja a protecção de dados de carácter pessoal contidos em ficheiros penitenciários.

Destacamos, por último, que o Regulamento, reconhecendo que a administração penitenciária não pode fazer frente, por si só, às múltiplas prestações da assistência global no campo da saúde, pretende articular com a administração da saúde uma colaboração que garanta uma opti-

Relatório Final da CEDERSP

mização dos recursos e o direito efectivo dos reclusos à saúde, não só baseado na cura, mas também na prevenção. Esta colaboração formaliza--se através de protocolos de colaboração, que implicam a responsabilização financeira de ambas as administrações.

3.1.2. *Itália*

À semelhança do sistema jurídico espanhol, o sistema prisional italiano é regulado por uma Lei que estabelece os princípios fundamentais do sistema prisional, a qual é executada e concretizada por um Regulamento Geral das Prisões. Assim, o Decreto n.º 230/2000, de 30 de Junho, que aprova o Regulamento sobre o sistema penitenciário e sobre as medidas privativas e limitativas da liberdade[23], executa a Lei n.º 354/1975, de 26 de Julho[24].

Iniciamos a análise do sistema penitenciário italiano pela Lei n.º 354/1975, de 26 de Julho, antecessora da Reforma Prisional portuguesa de 1979.

O artigo 1.º do diploma italiano estabelece, desde logo, os princípios gerais que devem reger o tratamento e a reeducação dos reclusos, determinando, designadamente, que o tratamento deve respeitar a dignidade da pessoa, ser imparcial e sem qualquer discriminação em razão da nacionalidade, raça, condições económicas, sociais, opinião política ou crença religiosa do recluso. Tendo em conta estes princípios, o tratamento penitenciário é individualizado, devendo responder às necessidades particulares da personalidade de cada recluso. Para tal, procede-se, no início da execução da pena e ao longo desta, a uma observação científica de cada recluso, de modo a determinar quais as carências psicossomáticas e as causas da desadaptação social do recluso. Com base nesta observação, é elaborado um programa de tratamento, que pode ser modificado ao longo da execução da pena. O tratamento dos reclusos passa pela instrução, trabalho, prática religiosa[25], actividades culturais, recreativas e

---

[23] *Regolamento recante norme sull'ordinamento penitenziario e sulla esecuzione delle misure privative e limitative della libertà.*

[24] Publicada na *Gazzetta Ufficiale* de 9 de Agosto de 1975, n. 212, S.O..

[25] O artigo 26.º determina que os reclusos têm liberdade religiosa, podendo praticar o seu culto. Em cada estabelecimento é assegurada a celebração dos rituais católicos, estando afecto a cada estabelecimento pelo menos um capelão.

54 Relatório da Comissão de Estudo e Debate da Reforma do Sistema Prisional

desportivas, facilitando-se também os contactos com a sociedade e com a família. Para além disso, o diploma determina que, juntamente com o tratamento penitenciário dos reclusos, se procede a uma *acção de assistência* à família, tendente a conservar e melhorar as relações do recluso com a família e a minorar as dificuldades de reinserção social. Esta assistência será também dada ao ex-recluso, após a sua libertação.

É de destacar, ainda em relação ao tratamento penitenciário, que a modalidade de tratamento utilizada por cada estabelecimento prisional é disciplinada num *regulamento interno do estabelecimento prisional*, elaborado (e modificado) por uma comissão composta por um juiz, que a ela preside, pelo director, médico, capelão, educador e assistente social de cada estabelecimento, podendo ainda a Comissão recorrer a peritos. O regulamento interno é aprovado pelo Ministro que tutela o sector da Justiça.

Relativamente às condições dos estabelecimentos prisionais, destacamos desde logo o artigo 12.º, que prescreve que os estabelecimentos terão, de acordo com as exigências de tratamento, meios para o desenvolvimento do trabalho dos reclusos, da sua instrução escolar e profissional, recreativa e cultural, e terão ainda uma biblioteca, com livros e imprensa. Os reclusos devem participar na gestão do serviço da biblioteca. Por outro lado, o diploma descreve, com pormenor, as características dos edifícios prisionais: estes devem ser construídos de modo a poder receber um número não muito elevado de reclusos, e ser dotados de espaços adequados à vida individual de cada recluso, e à vida em comunidade da população prisional. Além disso, devem ser suficientemente amplos, iluminados com luz natural e artificial, de modo a permitir o trabalho e a leitura, arejados, aquecidos de acordo com o exigido pela condições climatéricas, e deverão ter serviços de higiene reservados, decentes e racionalizados, em bom estado de conservação e limpos.

Relativamente ao vestuário, o artigo 7.º determina que a cada recluso será fornecida roupa, interior e exterior, em bom estado de conservação e limpa, em quantidade suficiente para satisfazer as normais exigências do quotidiano prisional.

Quanto ao trabalho prisional, o diploma estabelece que ele é obrigatório e remunerado, sendo prevista a possibilidade de trabalho no exterior.

Destacamos, pelo seu interesse, o Capítulo VI, que se dedica às medidas alternativas à detenção. Assim, se a pena de prisão for inferior a 3 anos, o condenado pode ser confiado a um serviço social externo ao estabelecimento prisional, por um período igual ao da pena. Esta medida alternativa tem na sua base a observação da personalidade e da conduta do condenado. O artigo 47.º-ter prevê a possibilidade de, em determinadas situações de fragilidade do condenado[26], e no caso de a pena não ser superior a 4 anos, o seu cumprimento se efectuar no domicílio, noutro local privado, ou numa instituição pública de tratamento, assistência ou de acolhimento. Por seu turno, o artigo 47.º-quarter prevê medidas alternativas à detenção para condenados infectados com HIV ou com outra grave deficiência imunitária, os quais poderão cumprir a pena em serviços hospitalares, que prestem assistência nestes casos. O artigo 48.º prevê o regime de semi-liberdade, consistindo na possibilidade de o recluso passar parte do dia fora do estabelecimento prisional, para fins de trabalho, instrução ou qualquer outra actividade considerada útil e adequada à reinserção social.

Destacamos, por último, o Capítulo II, que é dedicado aos *"Giudici di Sorveglianza"*, o que equivale, no sistema português, aos juízes de execução das penas, tendo competências similares às previstas na lei portuguesa.

Esta lei, onde se desenham os traços fundamentais do sistema penitenciário italiano, é executada pelo Decreto n.º 230/2000, de 30 de Junho, que aprova o Regulamento sobre o sistema penitenciário. O Regulamento não apresenta particularidades significativas relativamente à Lei, pelo que não se procede aqui a uma análise aprofundada do diploma.

É de realçar, em conclusão, que, em Itália, encontramos uma estrutura tripartida da legislação prisional: por um lado, a Lei n.º 354/1975 define os princípios fundamentais do sistema prisional; por outro, o Decreto n.º 230/2000 aprova o Regulamento sobre o sistema penitenciário, executando e concretizando aquela Lei; por último, os referidos regulamentos internos de cada estabelecimento prisional definem as respectivas regras de funcionamento.

---

[26] São cinco as situações previstas de fragilidade: a condenada é uma mulher grávida ou mãe de menor de 10 anos à sua guarda; o condenado é pai de menor de 10 anos à sua guarda, tendo a mãe falecido ou estando absolutamente impedida de dar assistência ao menor; o condenado está em situação de saúde particularmente grave; o condenado tem idade superior a 60 anos e é incapaz, ainda que parcialmente; o condenado é menor de 21 anos, havendo razões de saúde, estudo, trabalho ou de família que justifiquem a aplicação da medida alternativa.

3.1.3. *Alemanha*

À semelhança do que acontece nos sistemas jurídicos espanhol e italiano, os princípios gerais do sistema penitenciário alemão são estabelecidos numa Lei, que é executada por um regulamento geral das prisões. Assim, a *"Strafvollzugsgesetz" (StVollzG)*, de 1976, surge como a principal fonte legal da regulação da vida nas prisões da Alemanha, sendo concretizada e executada pela *"Verwaltungvorschriften" (VV)*.[27]

A *StVollzG*, no seu § 2, determina que a execução da pena de prisão tem como objectivo, por um lado, permitir que o recluso desenvolva capacidades no sentido de viver a sua vida sem praticar crimes e, por outro, servir de protecção à sociedade. Como princípios da execução da pena de prisão, o § 3 determina que a vida na prisão deve ser, tanto quanto possível, adequada às condições gerais e habituais da vida em liberdade, de modo a facilitar a integração dos reclusos na sociedade. Por outro lado, deve-se impedir, ou pelo menos minorar, as consequências nefastas das penas privativas da liberdade.

Por seu turno, o § 4 refere que o recluso participa na construção do seu tratamento penitenciário. Esta participação deve, mesmo, ser provocada e promovida pelo estabelecimento prisional.

Quanto ao vestuário, o § 20 determina que os reclusos vestem as roupas fornecidas pelo estabelecimentos prisional, excepto nas saídas. Porém, os reclusos podem usar a sua própria roupa, desde que se comprometam a lavá-la e a trocá-la regularmente, ficando as despesas com a manutenção da roupa a cargo deles.

O § 41 considera que o trabalho é um instrumento essencial na ressocialização do recluso, sendo, como tal, obrigatório. O trabalho prisional deve ser adequado às capacidades físicas e intelectuais do recluso e dos seus gostos e apetências. Se o recluso for inapto para o trabalho, deverá ter uma ocupação terapêutica. Por outro lado, os reclusos podem ser obrigados a desenvolver trabalhos auxiliares no estabelecimento prisional (como seja a limpeza dos espaços comuns ou o auxílio na cozinha), até 3 meses num ano. Para além deste período de tempo, o exercício deste tipo de trabalho requer o consentimento do recluso. Realce-se que não são obrigados a trabalhar os reclusos que tiverem mais de

---

[27] Em relação à execução de penas aplicáveis a jovens, é a *"Jugendgerichtsgesetz"* (JGG) que define os princípios gerais, sendo executada pela *"Jugendvollzug"* (VVjug).

Relatório Final da CEDERSP 57

65 anos e as reclusas grávidas ou que estejam a amamentar, nos termos em que as regras do direito do trabalho assim o imponham. Os presos preventivos não são obrigados a trabalhar.

Por último, destacamos, pelo seu interesse, as *Beiräte,* que são instituições voluntárias ligadas a cada estabelecimento prisional. Têm como tarefa cuidar do bem-estar dos reclusos. Podem receber as queixas, pedidos e sugestões dos reclusos, visitar as celas sem qualquer supervisão dos guardas, e obter informação sobre o tratamento dado aos reclusos, nomeadamente sobre as actividades prisionais, os cuidados médicos e a alimentação.

3.1.4. *França*

Ao contrário dos sistemas jurídicos acima analisados em que a regulação do sistema prisional se faz a partir de uma Lei que define os princípios gerais, a qual é executada por um Regulamento geral das prisões –, em França a execução das penas e a regulação do sistema prisional encontra-se estabelecida no Código de Processo Penal. Assim, esta matéria é tratada no Livro V da Parte Legislativa do Código, com o título *"Des procédures d exécution"* [28]. Por seu turno, a terceira secção do Código – *Décrets* – regula pormenorizadamente o sistema prisional. [29] [30] Encontramos, assim, no Código de Processo Penal francês disposições relacionadas com a execução provisória das penas privativas da liberdade, disposições comuns aos estabelecimentos prisionais, normas sobre a liberdade condicional, o registo criminal, as despesas de justiça, a vigilância electrónica, o trabalho dos reclusos, a disciplina e segurança nos estabelecimentos, as deslocações e transferências dos reclusos, a higiene e organização sanitária, as relações dos reclusos com o exterior, as medidas de preparação da reinserção social dos reclusos, a instrução e formação profissional, as actividades desportivas e socio-educativas, as visitas e as diferentes categorias de reclusos. Assim sendo, o sistema prisional francês encontra-se essencialmente desenhado no CPP. Porém, é de des-

---

[28] Com interesse para esta matéria, são de destacar os artigos 707 a 803-1.

[29] Atente-se que esta regulamentação, que é parte do CPP francês, foi aprovada através de *Décrets en Conseil d Etat* e de *Décrets.*

[30] V. os artigos R57-1 a R213, os artigos D48 a D599, e os artigos A39 a A53.

58 *Relatório da Comissão de Estudo e Debate da Reforma do Sistema Prisional*

tacar o artigo D. 255 deste mesmo código, que determina que cada estabelecimento penitenciário terá um regulamento interno, que pode regular importantes aspectos da vida de cada prisão.

Quanto ao CPP francês, começamos por realçar os artigos D. 432 e seguintes, que se dedicam às acções de preparação da reinserção social dos reclusos. Assim, prevê-se que os reclusos têm o direito de satisfazer as necessidades da sua vida religiosa[31], moral ou espiritual. Por outro lado, o artigo D. 440 determina que são organizadas em cada estabelecimento actividades socioculturais, que têm como objectivo desenvolver os meios de expressão, os conhecimentos e as aptidões dos reclusos. Será o regulamento interno de cada estabelecimento a determinar as condições de acesso a estas actividades (artigo D. 443). Por seu turno, o artigo D. 450 determina que os reclusos devem adquirir e desenvolver os conhecimentos e aptidões necessários à sua futura vida em liberdade e a uma melhor reinserção social, devendo, para tal, dispor de um ensino escolar e profissional. Mais uma vez, é o regulamento interno a determinar as condições em que são assegurados o ensino, a educação cívica, a formação profissional e as actividades físicas e desportivas.

Quanto ao vestuário, o D. 61 estabelece que os reclusos podem usar a sua própria roupa, salvo se o contrário for determinado pela autoridade administrativa por motivos imperiosos de ordem ou asseio ou pela autoridade judiciária. Os reclusos poderão, porém, optar por vestir a roupa fornecida pelo estabelecimento prisional.

Em França, o trabalho prisional não é obrigatório (artigo D. 99 e seguintes). O trabalho oferecido a cada recluso deverá ser, na medida do possível, adequado às suas capacidades físicas e intelectuais, devendo ainda potenciar as suas perspectivas de reinserção social. O trabalho prisional será sempre remunerado, produtivo e suficiente para ocupar uma jornada normal de trabalho.

Na ordem jurídica francesa, importa ainda realçar, pela sua particularidade, a Lei 87-432, de 22 de Junho de 1987, relativa ao serviço público penitenciário. O artigo 1.º do diploma determina que o serviço público penitenciário *favorece a reinserção social dos reclusos* e é organizado de modo a *assegurar a individualização das pena*s.

---

[31] Os serviços religiosos são assegurados nos estabelecimentos prisionais relativamente aos diferentes cultos pelos respectivos sacerdotes.

Por outro lado, o diploma estabelece que a concepção, construção e manutenção dos estabelecimentos prisionais pode ser confiada a uma pessoa colectiva pública ou privada. Do mesmo modo, todas as tarefas que não sejam de direcção ou de vigilância podem ser entregues pelo Estado a entidades de direito público ou privado. O diploma determina ainda que os estabelecimentos prisionais são dotados de personalidade jurídica e autonomia financeira, e são administrados por um Conselho de Administração.

3.1.5. *Bélgica*

Na Bélgica, as regras gerais do sistema prisional são estabelecidas no *"Arrêt royal portant règlement général des établissements penitentiaries"*, de 21 de Maio de 1965, que se desenvolve em 142 artigos. Este diploma não representa um marco significativo na legislação penitenciária europeia, sobretudo se comparado com a legislação espanhola, italiana e alemã. Porém, é de destacar na legislação belga, pela sua peculiaridade, o *"Accord de coopération relatif à la guidance et traitement des auteurs d'infractions à caractère sexuel"*, de 8 de Outubro de 1999, e o *"Décret relatif à l aide sociale aux détenus en vue de leur réinsertion sociale"*, de 19 de Julho de 2001.

O *"Arrêt royal portant règlement général des établissements penitentiaries"* determina que cada recluso é submetido a um regime de observação individual, de assistência e de reeducação e, no caso de ser necessário, de reclassificação, de acordo com as *leges artis* conhecidas e as condições necessárias à readaptação do recluso.

O trabalho prisional deve ser organizado de modo a contribuir activamente para a reeducação e reabilitação do recluso, sendo também dada especial atenção à formação profissional. Os reclusos podem ainda, obtida a autorização do director prisional, exercer uma actividade intelectual ou artística, lucrativa ou não, que implique contacto com o exterior.

Em relação ao vestuário, determina o artigo 74.º que, salvo autorização do director prisional, os reclusos que estejam a cumprir pena superior a três meses devem usar o vestuário fornecido pelo estabelecimento prisional. Os restantes reclusos devem usar a sua roupa pessoal.

Relativamente aos deveres dos reclusos, o diploma determina que estes reclusos não podem, entre si, vender, trocar, emprestar ou doar bens. Por outro lado, estão interditos os actos, palavras ou gestos contrários à decência, moral e honestidade.

O *"Accord de coopération relatif à la guidance et traitement des auteurs d'infractions à caractère sexuel"*, que surge em virtude dos casos de pedofilia conhecidos nos anos 90, estabelece a afectação a determinados estabelecimentos prisionais de equipas psicossociais especializadas na problemática dos crimes sexuais. As equipas psicossociais têm, designadamente, a missão de realizar exames pluridisciplinares da personalidade dos reclusos; de introduzir um programa intrapenitenciário de aconselhamento pré-terapêutico como preparação para o aconselhamento ou tratamento extra-penitenciário; e de emitir pareceres no quadro da libertação condicional dos condenados.

Por seu turno, o *"Décret relatif à l aide sociale aux détenus en vue de leur réinsertion sociale"*, de 19 de Julho de 2001, cria serviços de auxílio social aos reclusos. Entende-se por auxílio social qualquer acção individual ou de grupo destinada a fomentar a participação activa do recluso na vida social, económica, política e cultural, e a estimular a sua compreensão crítica da realidade social, desenvolvendo capacidades de análise, acção e avaliação. Para além deste auxílio, os serviços têm ainda a missão de prestar um apoio psicológico, que se traduz na acção de natureza psicológica destinada a apoiar os reclusos perante as consequências, directas ou indirectas, da reclusão e os problemas relacionados com o comportamento delinquente. Os serviços de ajuda social e psicológica trabalham dentro e fora dos estabelecimentos prisionais. Os que desenvolvem a sua tarefa fora dos estabelecimentos terão ainda como missão responder às necessidades dos familiares do recluso e contribuir para a sensibilização do público relativamente aos problemas dos reclusos.

3.1.6. *Inglaterra*

Em Inglaterra, a legislação prisional é menos extensa e pormenorizada, sobretudo no que diz respeito à proclamação dos direitos dos reclusos, quando comparada com as legislações anteriormente analisadas. De qualquer modo, será de destacar o *"Prison Act 1952"* e as *"Prison Rules 1999"*. É ainda de realçar o facto de as regras que regulam a vida nas prisões constarem também de directivas e circulares administrativas, conhecidas como *"Standing Orders and Circular Instructions"*, que orientam os serviços prisionais sobre os melhores métodos a adoptar em cada tipo de situação. As *Standing Orders* (SO) determinam, *grosso modo*, os objectivos do sistema prisional em dado momento histórico, definem a estrutura e funções dos serviços prisionais e estabelecem os deveres e responsabilidades dos reclusos. As *Circular Instructions* (CI) tratam, tendencialmente, de assuntos transitórios. Estes documentos administrativos revelam-se de grande importância na organização do sistema prisional, uma vez que, como já referimos, a legislação penitenciária inglesa é, de certo modo, um guia pobre da vida nas prisões.

Regressando ao *"Prison Act 1952"*, é de referir que, no essencial, este diploma atribui o controlo das prisões ao *"Home Affairs Secretary"* (Ministro da Administração Interna*)*. Desde logo, o n.º 5 determina que o Ministro deverá apresentar anualmente, perante o Parlamento, um relatório respeitante a cada prisão com informação sobre as condições dos estabelecimentos prisionais, incluindo a média diária de detidos e o número máximo registado de reclusos por prisão. Por outro lado, o relatório deve referir o número de reclusos ocupados com trabalho prisional e os respectivos tipos de ocupação. O relatório contém ainda informação sobre as infracções e sanções disciplinares em cada prisão.

Por outro lado, destacamos neste diploma as regras relativas às comissões de visitantes (*"visiting committees and boards of visitors"*). O Ministro nomeia para cada prisão uma comissão de visitantes, que terá a missão de receber as queixas dos reclusos e relatar ao Ministro qualquer assunto que considere relevante. Todos os membros das comissões de visitantes têm livre acesso a todos os lugares da prisão e poderão entrar em contacto com qualquer recluso.

Por seu turno, as *Prison Rules 1999,* que revogam e substituem o anterior diploma, *Prison Rules 1964,* regulam diversas matérias do sistema prisional: organização das prisões, tratamento dos reclusos, prática religiosa, assistência médica, bem-estar físico dos reclusos, trabalho e educação, funcionamento da biblioteca, comunicações com o exterior, controlo, supervisão, testes de despistagem de droga, infracções disciplinares, conduta dos funcionários prisionais e, também, poderes e deveres das comissões de visitantes.

Destaca-se, desde logo, o n.º 3, que determina que o tratamento penitenciário terá como objectivo assistir e encorajar os reclusos a seguir uma vida boa e útil. O reclusos serão classificados de acordo com a idade, personalidade, historial criminal e com o tratamento penitenciário mais adequado. O n.º 4 refere que deverá ser dada especial atenção à preservação dos contactos entre o recluso e a sua família.

Em relação ao vestuário, o n.º 43 determina que os reclusos podem vestir as suas próprias roupas, desde que apropriadas e limpas.

O diploma impõe, como regra, a obrigatoriedade do trabalho (que deverá ser útil), não podendo exceder as 10 horas diárias, devendo ser tomadas providências para permitir que, na medida do possível, o trabalho seja executado fora das celas e em contacto com os outros reclusos. O trabalho é remunerado de acordo com uma tabela aprovada pelo Ministro. Os reclusos podem apenas ser dispensados do trabalho por motivos médicos. A recusa de trabalhar é considerada como infracção disciplinar. Os presos preventivos não são obrigados a trabalhar.

3.1.7. *Observação final*

A Comissão ponderou com a devida atenção as diversas soluções constantes das legislações estrangeiras analisadas. Tendo verificado que, na sua maior parte, se tratam de soluções já consagradas na legislação portuguesa, ou sugeridas na proposta de lei-quadro apresentada pela Comissão, incluiu algumas delas, de carácter inovador, nas recomendações finais do presente relatório, e remeteu várias outras, pelo seu carácter mais pormenorizado ou regulamentar, para a legislação a elaborar em execução da Reforma do Sistema Prisional ou para o previsto Regulamento Geral dos Estabelecimentos Prisionais.

3.2. As prisões na união europeia – alguns indicadores

Neste capítulo, e em seguimento do anterior, procurar-se-á proceder à contextualização da situação do sistema prisional português no panorama da União Europeia. Nesse sentido, serão analisados os seguintes indicadores:

a) número de reclusos por 100 mil habitantes;
b) peso relativo dos reclusos preventivos no total da população prisional;
c) peso relativo das mulheres;
d) peso relativo dos menores (16 a 18 anos);
e) peso relativo dos estrangeiros; e
f) taxa de ocupação dos sistemas prisionais.

A informação que seguidamente se apresenta foi apurada e enviada pelos serviços competentes pelo sistema prisional de cada um dos Estados-membros. A pretensão de uniformização do momento de recolha –

Relatório Final da CEDERSP 63

31 de Dezembro de 2002 – foi alcançada para a generalidade dos países, à excepção da República da Irlanda[32], da Espanha[33], da Suécia[34] e, para alguns indicadores, da Finlândia e da França[35]. Refira-se ainda que houve países que não enviaram informação relativa a alguns dos indicadores solicitados.

Realce-se o facto de esta análise comparativa estar metodologica e cientificamente limitada, no seu essencial, por três factores:

a) as dificuldades detectadas na uniformização da informação recolhida e respectivas datas de referência;

b) a existência de diferentes critérios jurídico-penais aplicados, nos diversos Estados-membros, no cálculo de indicadores, como seja o da prisão preventiva;

c) as diferenças sócio-económicas e culturais dos países em análise.

A leitura dos gráficos[36] que seguidamente são apresentados deve ser acompanhada pela consulta da tabela apresentada em anexo.

3.2.1. *População prisional*

Seguidamente procede-se à análise do total de reclusos por país.

---

[32] As informações relativas ao sistema prisional da República da Irlanda, com a excepção da respeitante aos presos preventivos, não se referem a qualquer data em concreto. São médias anuais para o ano de 2002.

[33] As informações relativas ao sistema prisional espanhol referem-se a Setembro de 2002 e, em alguns casos (total de reclusos, preventivos, mulheres e estrangeiros), a Setembro de 2003.

[34] As informações relativas ao sistema prisional sueco, com a excepção da respeitante aos pesos das mulheres e dos estrangeiros no universo prisional e ao número de reclusos por 100 mil habitantes, referem-se a médias para o mês de Dezembro de 2002.

[35] No caso francês, o total de reclusos refere-se a Maio de 2002. No caso finlandês, o peso relativo, tanto dos reclusos com idades compreendidas entre os 16 e os 18 anos, como dos reclusos preventivos, tem por data de referência o dia 1 de Maio de 2002.

[36] A informação relativa ao sistema prisional inglês agrega dados da Inglaterra e País de Gales. Por razões técnicas, nas representações gráficas assume-se a designação *Inglaterra e PG.*

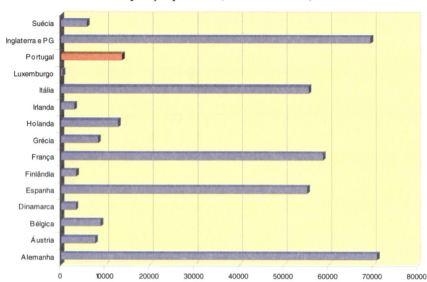

Fonte: Serviços prisionais de cada um dos Estados-membros considerados.

Nota: A informação da República da Irlanda é uma média anual, a da Suécia é uma média para o mês de Dezembro de 2002, a de Espanha é relativa a Setembro de 2003 e a de França a Maio de 2002.

Como seria de esperar, tal como se verificam grandes disparidades populacionais entre os Estados-membros, também a nível da população prisional essas disparidades são evidentes. A Alemanha (70 977) e a Inglaterra com o País de Gales (69 612) surgem na dianteira, com valores da ordem dos 70 mil reclusos. A França (58 871 em Maio de 2002), a Itália (55 670) e a Espanha (55 223 em Setembro de 2003) vêm na segunda linha de países com populações prisionais mais numerosas – cerca de 55 a 60 mil reclusos (Gráfico 23).

No pólo oposto, encontram-se o Luxemburgo (391), a Irlanda (3 165), a Dinamarca (3 383) e a Finlândia (3 469) – com menos de 4 mil reclusos.

Portugal (13 772) assume, conjuntamente com a Holanda (12 885), um posicionamento intermédio, superando significativamente países da nossa dimensão populacional, como a Bélgica (9 074), a Grécia (8 486), a Áustria (7 805) e a Suécia (5 955).

Mas este indicador pouco nos diz de interessante e pode até ser enganador: muito mais revelador é o que se segue (Gráfico 24).

Gráfico 24
Reclusos por 100 mil habitantes

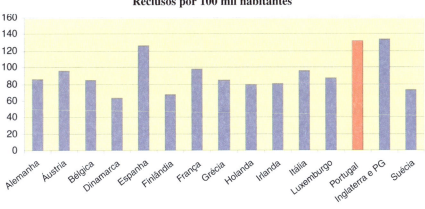

Fonte: Serviços prisionais de cada um dos Estados-membros considerados.

Nota: A informação da República da Irlanda é uma média anual, a da Espanha é relativa a Setembro de 2002, a de França a Maio de 2002 e a da Suécia a Outubro de 2002.

No indicador *número de reclusos por 100 mil habitantes* (que é o que usualmente serve de referência para as comparações internacionais), apenas a Inglaterra e País de Gales (134) superam, e pouco, o valor observado para Portugal (132). À excepção da Inglaterra e País de Gales e da Espanha (126), todos os restantes países têm valores consideravelmente inferiores aos nossos. Apenas a título ilustrativo, os países nórdicos, como a Dinamarca (63) – país da UE com mais baixo índice –, a Finlândia (67) e a Suécia (73), registam os mais baixos números de reclusos por 100 mil habitantes (Gráfico 24).

Como já se antevia, Portugal – *no contexto de uma União Europeia com uma média de 92 reclusos por cada 100 mil habitantes* [37] – integra,

---

[37] Arrisca-se aqui o cálculo de uma média europeia; no entanto, há que referir que, sendo algumas datas de recolha da informação distintas, o cálculo desta média é apenas aproximado; mas não invalida a comparação feita. Por outro lado, não temos informação sobre se os critérios seguidos pelos outros países coincidem ou não com os critérios seguidos em Portugal, onde se incluem, na contabilização dos presos preventivos, não só aqueles que ainda não foram condenados em primeira instância como os que aguardam a decisão de um recurso, o que aumenta bastante o peso dos preventivos no total dos reclusos (em Portugal, cerca de 20% do total de preventivos já foram condenados, mas aguardam trânsito em julgado de um recurso interposto).

com 132 reclusos por 100 mil habitantes, o grupo dos poucos países que superam tal média, a par da Inglaterra e País de Gales (134), da Espanha (126) e da Itália (96).

Enquadrando Portugal no conjunto de países da União Europeia que, em termos de quantitativos demográficos, mais se aproximam da nossa dimensão – Áustria, Suécia, Bélgica e Grécia –, verifica-se que o valor português de reclusos por 100 mil habitantes é de longe o maior. Todos os países mencionados detêm valores idênticos ou abaixo dos 96 reclusos por 100 mil habitantes (caso da Áustria).

Se Portugal, com uma população de cerca de 10 milhões de habitantes[38], estivesse alinhado com a média europeia, teria (em 2002) cerca de 9 200 reclusos, quando na realidade teve cerca de 14 000 (mais 52,2%).

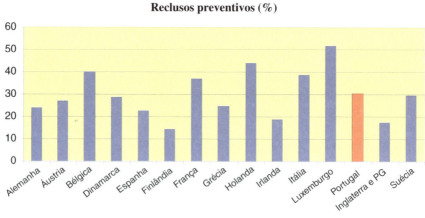

Gráfico 25
Reclusos preventivos (%)

Fonte: Serviços prisionais de cada um dos Estados-membros considerados.

Nota: A informação da Suécia é uma média para o mês de Dezembro de 2002, a da Espanha é relativa a Setembro de 2003 e a da República da Irlanda é referida a 7 de Outubro de 2003.

No que se refere ao peso relativo dos reclusos preventivos, Portugal regista o sexto maior valor do universo analisado. Os 30,6% verificados em finais de 2002 são superados pelo Luxemburgo (51,7%), pela Holanda (44%), pela Bélgica (39,8%), pela Itália (38,9%) e pela França

---

[38] Segundo os *Censos 2001*, em 12 de Março de 2001 residiam em Portugal 10 356 117 indivíduos.

(36,9%). Fazendo uma média simples dos pesos relativos dos reclusos em situação preventiva no universo em análise (30%), verifica-se que o valor nacional é praticamente idêntico à média europeia. Esta situação é merecedora de destaque pois, ao contrário de outros países, em Portugal o recluso é considerado como preventivo até ao trânsito em julgado da respectiva sentença: o nosso valor seria decerto inferior à média europeia se o critério fosse idêntico ao da maioria dos outros países.

No pólo de países com baixos valores relativos de reclusos preventivos, o destaque é para a Finlândia (14,4%), para a Inglaterra e País de Gales (17,5%) – indiciando este valor a existência de uma célere resposta por parte do sistema judicial penal inglês (e galês) face ao elevado número de reclusos existentes nesse universo – e para a Irlanda (18,8%).

Procurando novamente comparar a situação portuguesa com a dos países demograficamente mais próximos, verifica-se que apenas a Bélgica (39,8%) supera o valor nacional. A Suécia (29,5%) tem praticamente o mesmo peso de preventivos do que nós. Relativamente à Áustria (26,9%) e à Grécia (24,7%), embora apresentem valores menos elevados, estes não se distanciam significativamente nem do português nem da média europeia.

Note-se que estes dados não retratam toda a realidade: nomeadamente, não nos dizem como se situa Portugal na comparação internacional quanto aos prazos máximos de prisão preventiva para cada cidadão (ver adiante, cap. VII).

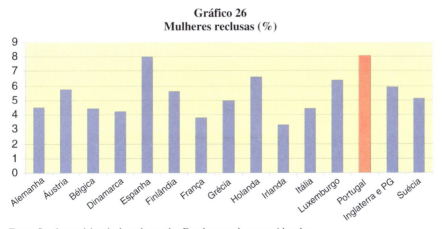

Gráfico 26
Mulheres reclusas (%)

Fonte: Serviços prisionais de cada um dos Estados-membros considerados.

Nota: A informação da Espanha é relativa a Setembro de 2003 e a da República da Irlanda é uma média anual de 2002.

Segundo o Gráfico 26, entre os 14 países da União Europeia considerados, Portugal (8,1%) e a Espanha (8%) são aqueles que têm maior peso relativo de reclusas. Sendo a média europeia de 5,4%, pode-se verificar que, para além dos países anteriormente referidos, também a Holanda (6,6%), o Luxemburgo (6,4%), a Inglaterra e País de Gales (5,9%), a Áustria (5,8%) e a Finlândia (5,6%) superam esse valor.

Refira-se ainda que, de entre os quatro países demograficamente mais próximos de Portugal, tanto a Bélgica (4,4%) como a Grécia (5%) e a Suécia (5,1%) apresentam valores inferiores à média europeia, embora os dois últimos se aproximem bastante da mesma, situando-se todos, portanto, claramente abaixo dos nossos números.

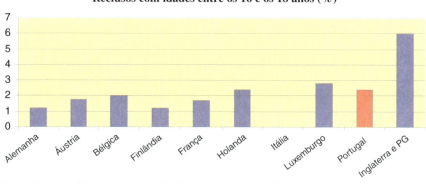

Gráfico 27
Reclusos com idades entre os 16 e os 18 anos (%)

Fonte: Serviços prisionais de cada um dos Estados-membros considerados.

Nota: A informação da Finlândia é relativa a Maio de 2002. A Dinamarca, a Espanha, a República da Irlanda, a Grécia e a Suécia não facultaram informação.

Com referência ao Gráfico 27, cumpre dizer que, relativamente à percentagem de menores de 18 anos, Portugal regista um valor (2,4%) idêntico à média europeia (2,4%)[39]. A Inglaterra e País de Gales (6%) e o Luxemburgo (2,8%) surgem aqui com valores acima da média. No pólo oposto, destacam-se a Alemanha e a Finlândia (ambas com 1,2%).

---

[39] Caso se considere o valor da Itália no cálculo da média europeia, o facto de o seu regime legal não contemplar menores de 18 anos no sistema prisional tem influência directa na média apurada, a qual desce para 2,2%.

Refira-se, por último, que, entre os países demograficamente mais próximos da situação portuguesa, e tendo presente que apenas há informação para a Áustria e a Bélgica, ambas apresentam valores inferiores ao português (1,8% e 2%, respectivamente).

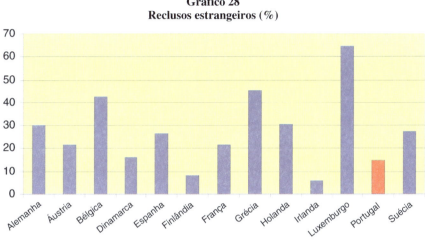

Gráfico 28
Reclusos estrangeiros (%)

Fonte: Serviços prisionais de cada um dos Estados-membros considerados.

Nota: A informação da Finlândia é relativa a Maio de 2002, a da Espanha a Setembro de 2003, a da Suécia a Outubro de 2002 (apenas condenados) e a da República da Irlanda é uma média anual de 2002. A Itália e a Inglaterra e País de Gales não facultaram informação.

Como se vê no Gráfico 28, Portugal, com 14,9% de estrangeiros no universo total de reclusos, é, entre os países considerados, o terceiro com menor peso de estrangeiros, antecedido apenas pela Irlanda (6%) e pela Finlândia (8,1%). O Luxemburgo, com 64,7% de reclusos estrangeiros, a Grécia com 45,5%, e a Bélgica com 42,7%, têm influência determinante no valor da média europeia de reclusos de nacionalidade estrangeira – – 27,4%. Tanto a Suécia (27,2%) como a Áustria (21,7%) registam valores relativos de reclusos estrangeiros muito superiores aos portugueses, e igualmente acima da média europeia.

A taxa de ocupação (a qual relaciona o total de reclusos com a lotação existente no sistema prisional), quando superior a 100%, revela o valor de sobrelotação dos estabelecimentos prisionais.

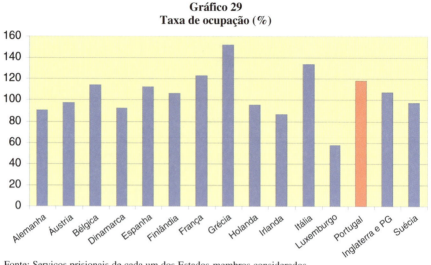

Fonte: Serviços prisionais de cada um dos Estados-membros considerados.

Nota: A informação da Espanha é relativa a Setembro de 2002, e a da Suécia é uma média para o mês de Dezembro de 2002.

Resulta do Gráfico 29 que, em termos de taxa de ocupação, de entre os países europeus considerados, apenas a Grécia (152%), a Itália (134,4%) e a França (123,2%) superam os 118,4% observados em Portugal. Igualmente em situação de sobrelotação encontram-se a Bélgica (114%), a Espanha (113%), a Inglaterra e País de Gales (107%) e a Finlândia (106%). De entre os países que não superam a capacidade de lotação dos seus sistemas prisionais, destaquem-se o Luxemburgo (57,3%) e a República da Irlanda (86%).

Entre os quatro países demograficamente mais próximos de Portugal, o valor da nossa taxa de ocupação é o segundo mais elevado, depois da Grécia e seguido muito de perto pela Bélgica. A Suécia (97%) é o único que não se encontra em situação de sobrelotação.

Repetindo números que já foram apresentados, Portugal encontra-se em 2002, em matéria de sobrelotação, 18,4% acima da lotação normal das suas prisões, e 12,9% acima da taxa de ocupação média europeia (105,5%). Repete-se, contudo, que, se Portugal, com a população que tem, estivesse alinhado com a média europeia, em termos de número de reclusos por 100 mil habitantes, teria em 2002 cerca de 9200 reclusos, em vez dos cerca de 14000 que teve de facto (tem, pois, provavelmente, mais 52,2% de reclusos nas prisões do que deveria ter).

3.2.2. *Considerações finais*

A título conclusivo, arrisca-se uma comparação entre as médias europeias, calculadas com base nas informações enviadas pelos Estados-membros, e os valores observados a nível nacional.

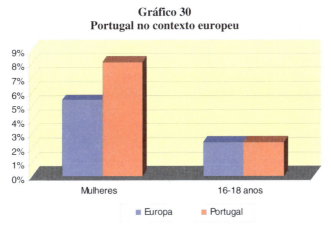

Gráfico 30
Portugal no contexto europeu

Fonte: Serviços prisionais de cada um dos Estados-membros considerados.

Se, relativamente ao peso dos reclusos de ambos os sexos com idades entre os 16 e os 18 anos, Portugal detém um valor idêntico ao da média europeia, em relação ao peso das mulheres observa-se um valor percentual claramente superior (8,1% para 5,4%) (Gráfico 30).

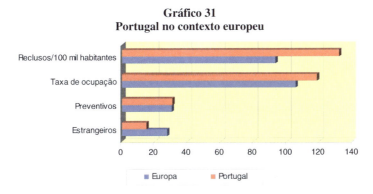

Gráfico 31
Portugal no contexto europeu

Fonte: Serviços prisionais de cada um dos Estados-membros considerados.

72 *Relatório da Comissão de Estudo e Debate da Reforma do Sistema Prisional*

Resulta do Gráfico 31 que, apenas relativamente ao peso dos reclusos estrangeiros Portugal, regista valores claramente inferiores à média europeia.

O peso percentual dos presos preventivos é praticamente idêntico ao europeu.

Por sua vez, o índice no qual Portugal supera mais significativamente a média europeia apresentada é o do número de reclusos por 100 mil habitantes (132 contra 93). Conjuntamente com o índice anterior, a elevada taxa de ocupação, e a correspondente sobrelotação (118,4% contra 105,5%), colocam o sistema prisional português, sob este aspecto, no patamar mais negativo do contexto prisional europeu.

Comparando a situação nacional com os cinco países da União Europeia mais próximos de nós em termos demográficos, conclui-se que o sistema prisional português apresenta os valores mais elevados no que diz respeito ao número de reclusos por 100 mil habitantes e ao peso das mulheres na população prisional. Apresenta ainda o segundo valor mais elevado em termos de taxa de ocupação e de reclusos preventivos. Apenas relativamente ao peso dos estrangeiros no sistema prisional Portugal apresenta valores mais baixos que os outros quatro países europeus.

Concluindo, dizemos que, se em relação ao número de mulheres no total de reclusos detidos no nosso sistema prisional, não é fácil divisar medidas legislativas, administrativas ou de gestão que possam ser eficazes para alterar a situação, já quanto aos outros factores (reclusos por 100 mil habitantes e sobrelotação) está-se perante situações que devem ser consideradas negativas e que é possível e necessário procurar superar rapidamente, através das adequadas medidas legislativas, administrativas e de gestão. Disso se ocupará o capítulo VII deste relatório.

IV – ORIENTAÇÕES E RECOMENDAÇÕES INTERNACIONAIS

4.1. Nações unidas

Desde a sua fundação, a Organização das Nações Unidas, no espírito da sua própria Carta e da Declaração Universal dos Direitos Humanos, tem vindo a desenvolver diversos instrumentos internacionais no domínio da prevenção do crime e do sistema de justiça criminal.

O Congresso das Nações Unidas para a Prevenção do Crime e o Tratamento dos Delinquentes (que ocorre desde 1955, com uma periodicidade quinquenal) dedica especial atenção à formulação de regras, recomendações e declarações neste domínio. Logo no 1.º Congresso (1955) foram adoptadas as Regras Mínimas para o Tratamento dos Delinquentes.

Posteriormente, outros instrumentos foram sendo adoptados, nomeadamente as Regras Mínimas para a Administração da Justiça Juvenil, as Regras das Nações Unidas para a Protecção de Jovens Privados da Liberdade, a Recomendação para o Tratamento de Reclusos Estrangeiros, os Princípios Básicos para o Tratamento dos Reclusos, e as Regras Mínimas para as Medidas Não Privativas da Liberdade (Regras de Tóquio).

A Declaração de Viena sobre a criminalidade e a justiça, adoptada no final dos trabalhos do 10.º Congresso (2000) e orientada para os desafios do século XXI – nomeadamente os originados pelos novos fenómenos criminais e pelo impacto da criminalidade grave e organizada, de carácter transnacional –, coloca a ênfase na cooperação bilateral, regional e internacional no âmbito da prevenção do crime e da justiça penal, sublinha a importância fundamental dos programas de prevenção e de readaptação, relaciona a promoção do desenvolvimento económico e social e a segurança das pessoas com um sistema de justiça penal justo, fiável e eficaz, e dá relevo às potencialidades da justiça reparadora na redução da criminalidade e na recuperação das vítimas, dos delinquentes e das comunidades.

Especial enfoque é também dado neste documento às mulheres (quer enquanto operadoras do sistema de justiça penal, quer enquanto vítimas ou reclusas e delinquentes), bem como às questões relacionadas com o racismo, a discriminação racial, a xenofobia e a intolerância que lhes está associada.

A Declaração contém também o compromisso de conferir atenção prioritária à diminuição da sobrelotação prisional e à limitação do aumento do número de reclusos, preventivos e condenados, favorecendo o recurso a penas e medidas seguras e eficazes substitutivas da prisão.

No domínio da delinquência juvenil, constata, com preocupação, que os menores que vivem em condições difíceis estão mais expostos à delinquência e a serem facilmente recrutados por grupos criminosos, incluindo os pertencentes à criminalidade transnacional organizada, declarando-se um especial empenho na adopção de medidas de prevenção

74 Relatório da Comissão de Estudo e Debate da Reforma do Sistema Prisional

destes fenómenos e de estratégias internacionais neste âmbito, e na inclusão da administração da justiça de menores nas políticas de financiamento da cooperação para o desenvolvimento.

Por último, os Estados membros comprometem-se também a adoptar planos de acção nacionais, regionais e internacionais em favor das vítimas do crime, nomeadamente através de mecanismos de mediação e de justiça reparadora, e ainda a adoptar medidas de protecção de testemunhas.

4.2. Conselho da europa

Considerando que a sobrelotação das prisões e o crescimento da população prisional constituem um grande desafio às administrações penitenciárias e ao conjunto do sistema da justiça penal, devendo o seu combate inscrever-se num quadro alargado que tenha em conta, nomeadamente, a garantia dos direitos humanos e uma política penal coerente e racional, o Conselho da Europa adoptou, em 30 de Setembro de 1999, a Recomendação n.º R (99)22 relativa a este assunto. Este documento incita os governos a promover a aplicação, na legislação e na prática, de uma série de princípios, de que se destacam:

a) a redução da duração das penas a um mínimo compatível com os interesses da justiça;

b) a redução do recurso à prisão preventiva;

c) a redução das penas de longa duração e a substituição das penas curtas por sanções e medidas não institucionais, como o regime de prova, a supervisão intensiva, o trabalho a favor da comunidade, a obrigação de permanência na habitação e a vigilância electrónica;

d) a extensão do recurso à liberdade condicional com a finalidade de reduzir a duração da prisão efectivamente cumprida;

e) a adopção de combinações de sanções e medidas privativas e não privativas da liberdade.

Esta Recomendação dedica também atenção especial ao papel dos magistrados judiciais e do Ministério Público, tanto na consideração dos recursos disponíveis no momento da aplicação da lei (nomeadamente a capacidade do sistema prisional), como na sua implicação no processo de concepção das políticas criminais, visando obter o respectivo apoio e evitar práticas de aplicação de penas susceptíveis de provocar efeitos perversos.

Mais recentemente, o Conselho da Europa adoptou a Recomendação n.º R(2003)22, relativa à liberdade condicional, considerando o interesse dos Estados membros no estabelecimento de princípios comuns em matéria de execução das penas privativas da liberdade (com vista ao reforço da cooperação internacional neste domínio), reconhecendo a validade e a eficácia da medida na redução da duração e dos custos da prisão, na prevenção da reincidência e no favorecimento da reinserção social dos condenados.

Começando por estabelecer a definição do conceito, a Recomendação integra a liberdade condicional no conjunto das medidas e sanções penais de execução na comunidade, sendo-lhe aplicáveis as respectivas regras europeias, o que sublinha o seu carácter probatório e ressocializador.

No capítulo dos princípios gerais, realça-se:

a) o facto de se reconhecer que todos os reclusos deverão poder beneficiar de liberdade condicional;

b) a necessidade de os mesmos deverem conhecer, desde o início da execução da pena, os prazos e critérios previstos para a concessão da liberdade condicional;

c) o princípio da individualização da medida, através da imposição de condições adequadas às necessidades específicas do delinquente, bem como destinadas à reparação à vítima e à redução do risco de reincidência;

d) a regra do acompanhamento da liberdade condicional, através de medidas de apoio e de controlo, cuja natureza, duração e intensidade devem ser adaptadas a cada indivíduo.

No que concerne à preparação da liberdade condicional, que deve ser organizada em estreita colaboração entre os intervenientes no meio prisional e os responsáveis pela execução da medida em meio livre, as administrações penitenciárias são exortadas a criar condições para que os reclusos possam participar em programas escolares e de formação que os capacitem para a vida em liberdade, bem como a incrementar outras medidas de flexibilização visando facilitar o seu processo de reinserção social. Neste quadro, devem ser incentivados os contactos com a família e o meio de origem, bem como com serviços, organizações e associações de voluntários que possam apoiar o seu regresso à sociedade.

Relativamente ao processo de concessão da liberdade condicional, cujos pressupostos, duração e demais condições devem ser legalmente previstos de forma clara, explícita e realista, enumeram-se as garantias processuais que devem ser asseguradas aos condenados, nomeadamente o direito de recurso perante uma instância superior, quer relativo à questão de fundo, quer quanto ao incumprimento das garantias processuais.

Ao longo dos anos, muitas outras Resoluções e Recomendações com interesse para os trabalhos da Comissão foram adoptadas pelo Conselho da Europa, das quais enunciamos as seguintes:

a) Resolução (65)1 sobre a suspensão da pena, a liberdade condicional e outras medidas alternativas às penas privativas da liberdade;

b) Resolução (70)1 sobre a organização prática das medidas de vigilância, assistência e apoio pós-penitenciário aos condenados ou às pessoas em liberdade condicional;

c) Resolução (76)2 sobre o tratamento de reclusos de longa duração;

d) Resolução (76)10 sobre certas medidas alternativas às penas privativas da liberdade;

e) Recomendação n.º R (82)16 sobre as licenças de saída;

f) Recomendação n.º R (87)3 relativa às Regras penitenciárias europeias;

g) Recomendação n.º R (89)12 sobre o ensino nos estabelecimentos prisionais;

h) Recomendação n.º R (92)16 relativa às Regras europeias sobre as sanções e medidas aplicadas na comunidade;

i) Recomendação n.º R (92)17 relativa à coerência na determinação das penas;

j) Recomendação n.º R (93)6 relativa aos aspectos penitenciários e criminológicos do controlo das doenças transmissíveis, nomeadamente da SIDA, e problemas conexos da saúde nas prisões;

k) Recomendação n.º R (97)12 sobre o pessoal encarregado da aplicação das sanções e medidas;

l) Recomendação n.º R (98)7 relativa aos aspectos éticos e organizacionais dos cuidados de saúde em meio prisional;

m) Recomendação REC (1999)19 sobre a mediação em matéria penal;

n) Recomendação REC (2000)22 respeitante ao aperfeiçoamento da aplicação das Regras europeias sobre as sanções e medidas aplicadas na comunidade;

o) Recomendação REC (2003)20 respeitante às novas formas de tratamento da delinquência juvenil e ao papel da justiça de menores;

p) Recomendação REC (2003)21 respeitante às parcerias na prevenção da criminalidade.

Ainda emanado do Conselho da Europa, merece destaque, pela sua actualidade, o Relatório da visita a Portugal, em Maio de 2003, do Comissário dos Direitos Humanos, Alvaro Gil-Robles. Pela sua relevância, transcrevem-se a seguir as recomendações do Relatório relativas à administração da justiça e ao sistema prisional:

a) *(...)* «*atribuir mais meios ao poder judicial e pôr em prática as reformas necessárias para combater a lentidão dos procedimentos judiciários, em particular no caso dos processos-crime que envolvam longos períodos de prisão preventiva;*

b) *estudar, em conformidade com as normas europeias, uma alteração da definição de prisão preventiva, a fim de prever a sua interrupção no caso de uma condenação em primeira instância;*

c) *desenvolver mais soluções de substituição da prisão preventiva, nomeadamente por meio de pulseira electrónica, prevista na Lei n.º 122/99, e incentivar a aplicação destas soluções;*

d) *desenvolver novas medidas alternativas a fim de reduzir a população prisional;*

e) *reorganizar e reforçar o Instituto de Reinserção Social (IRS) para responder a estas necessidades;*

f) *responder ao problema da sobrelotação aumentando a capacidade de acolhimento das prisões e desbloqueando os fundos necessários à construção de novos estabelecimentos prisionais;*

g) *tratar o problema da toxicodependência nas prisões, incluindo a criação de unidades livres de droga noutros estabelecimentos; assegurar um controlo pós-cura eficaz dos reclusos aquando da sua libertação (com vista a favorecer o seu emprego e reintegração social) ou do seu regresso ao meio prisional comum.*»*(...)*

V – A CONTRIBUIÇÃO DAS ENTIDADES OUVIDAS

Dos muitos contributos recebidos pela CEDERSP – que constituíram, na sua maioria, uma efectiva mais-valia para o trabalho da Comis-

78 *Relatório da Comissão de Estudo e Debate da Reforma do Sistema Prisional*

são – referem-se, de seguida e sinteticamente, as ideias apresentadas pela Escola Nacional de Saúde Pública, pelos juízes de execução das penas e pelas restantes entidades ouvidas. Como é natural, o relato feito a seguir é uma informação prestada sobre aquilo que a Comissão ouviu, e não a responsabiliza pelas propostas ou críticas que lhe foram apresentadas.

5.1. Escola nacional de saúde pública

A Escola Nacional de Saúde Pública apresentou à CEDERSP dois documentos, intitulados *"Síntese das principais questões de saúde pública relacionadas com as prisões"* e *"Pela equidade no acesso dos reclusos a serviços de saúde com a qualidade e compreensividade do SNS"*, nos quais se faz um diagnóstico e se apresenta um conjunto de medidas destinadas a promover, de modo sustentado, a saúde nas prisões. De entre as recomendações apresentadas pela ENSP, destacam-se:

a) A existência de um grupo coordenador da promoção da saúde em cada prisão, com o apoio superior da administração;

b) A importância da manutenção ou ingresso dos reclusos na categoria de utentes do Serviço Nacional de Saúde;

c) O envolvimento de todos os intervenientes no desenvolvimento dos programas, incluindo, para além dos reclusos, os funcionários e os visitantes;

d) A necessidade de assegurar mais recursos financeiros, materiais e humanos;

e) A importância da existência de exame clínico e rastreios à entrada (e à saída) do recluso;

f) A possibilidade de periodicamente se realizarem rastreios clínico-laboratoriais de carácter voluntário;

g) A importância da implementação de visitas regulares das autoridades de saúde aos estabelecimentos prisionais;

h) A existência de programas de troca de agulhas e seringas;

i) A instalação de não-toxicodependentes em alas de prisão exclusivas;

j) Relativamente a doenças transmissíveis, a implementação de programas de informação e sensibilização, de prevenção primária, de detecção precoce, de terapêutica e de reabilitação, destinados não apenas aos reclusos mas igualmente aos funcionários e às visitas.

5.2. Contributo dos juízes de execução das penas

Da longa reunião efectuada com a quase totalidade dos juízes de execução das penas, em reunião promovida no Ministério da Justiça, e também do contacto havido no colóquio realizado na Escola de Direito da Universidade do Minho, a CEDERSP reteve, designadamente, as seguintes afirmações:

a) É necessário subtrair aos TEP's as acções de intermediação entre o recluso e a administração prisional, uma vez que não são típicas de um juiz, considerando-se vantajosa a sua entrega ao Ministério Público, pela vocação natural desta magistratura para o seu exercício;

b) Tem-se revelado excessiva a colocação de todas as saídas precárias a cargo do juiz, sendo conveniente, nesta matéria, uma intervenção do Ministério Público, sem prejuízo de um controlo jurisdicional na primeira saída;

c) A lógica do sistema impõe que os pareceres do Ministério Público surjam depois do parecer do Conselho Técnico;

d) O Ministério Público deve ter assento no Conselho Técnico dos Estabelecimentos Prisionais ou em órgão congénere a criar;

e) Salienta-se a necessidade de o Ministério Público dever ouvir e falar com os reclusos, intensificando-se o seu papel, sem com isso prejudicar, de qualquer modo, a possibilidade de o juiz conhecer, directamente, as circunstâncias que envolvem o arguido;

f) São sérias as dificuldades na detecção e cômputo dos cúmulos de penas, com graves repercussões na duração da permanência dos reclusos em situação de prisão efectiva;

g) As mesmas perplexidades são notórias a propósito da conexão processual, as quais resultam também, segundo alguns magistrados, do actual quadro legislativo;

h) Deve haver uma intervenção efectiva dos juízes na concessão do RAVI e do RAVE;

i) A concessão do RAVE é um acto jurisdicional por excelência, na medida em que importa uma verdadeira modificação da pena de prisão. Deve, por isso, ser atribuída ao TEP;

j) Afigura-se excessiva a restrição da avaliação para concessão da liberdade condicional antes dos dois terços do cumprimento da pena;

80 *Relatório da Comissão de Estudo e Debate da Reforma do Sistema Prisional*

k) Deve haver maior flexibilidade na reapreciação da concessão da liberdade condicional, podendo esta ser impulsionada oficiosamente pelo juiz, ou mediante requerimento fundamentado do recluso, do Ministério Público ou do director do Estabelecimento Prisional;

l) É necessário assegurar uma efectiva possibilidade de recurso dos reclusos durante a execução da pena, nomeadamente da decisão sobre a liberdade condicional, dada a relevância que determinadas decisões têm para a vida do recluso;

m) Propugna-se a utilidade de normas especiais de prescrição das infracções de natureza disciplinar penitenciária e daqueles factos que são susceptíveis de determinar a revogação da concessão da liberdade condicional;

n) Do ponto vista da política criminal, é aconselhável que a execução das penas curtas (designadamente inferiores a um ano) seja feita em regime aberto;

o) Ainda por razões de política criminal, considera-se necessária a separação entre presos preventivos, presos preventivos com condenações anteriores, e condenados;

p) Deve a reforma da "Lei orgânica do TEP" ser feita em consonância com a da "Lei de Execução das Medidas Privativas da Liberdade", como condição prévia de eficácia neste segmento do sistema de justiça;

q) O aumento das competências dos juízes de execução das penas (nomeadamente no que respeita à introdução da possibilidade de os reclusos recorrerem das decisões relativas à liberdade condicional e ao alargamento das competências do TEP na análise de cúmulos jurídicos) implica uma afectação de mais juízes aos tribunais de execução das penas.

5.3. Pontos mais focados pelas ONG's ouvidas pela comissão

Foram recebidas e ouvidas, durante cerca de duas horas cada, as seguintes Organizações Não Governamentais:

a) Comissão de Direitos Humanos da Ordem dos Advogados;

b) Fórum Justiça e Liberdades;

c) Associação Portuguesa dos Direitos dos Cidadãos;

d) Associação Contra a Exclusão pelo Desenvolvimento;

e) Associação "Dar a Mão" (voluntariado junto do Estabelecimento Prisional de Tires);
f) Fraternidade das Instituições de Apoio ao Recluso;
g) Sindicato do Corpo da Guarda Prisional.

Todas as ONG's recebidas se congratularam com o facto de serem ouvidas na fase de estudo da Reforma, sublinhando o espírito de abertura e democracia participativa assim revelado.

Várias foram as sugestões apresentadas pelas ONG's, de que se apresenta a seguir um resumo dividido em 8 secções, nos precisos termos em que tais sugestões foram formuladas.

5.3.1. *Magistrados judiciais, do Ministério Público e dos Tribunais de Execução das Penas*

a) Necessidade de reforma urgente do Centro de Estudos Judiciários, incluindo nela, entre outros, os pontos seguintes: formação teórica em Direito de Execução das Penas e em Direito da Reinserção Social, bem como visitas repetidas a estabelecimentos prisionais;
b) Necessidade de criteriosa selecção dos juízes colocados nos Tribunais de Execução das Penas e da sua prévia formação especializada na matéria.

5.3.2. *Penas aplicadas pelos tribunais a delinquentes*

a) Necessidade de redução da prisão efectiva aos crimes mais graves;
b) Utilização prioritária, e em larga escala, da pena de prestação de trabalho a favor da comunidade;
c) Redução da facilidade com que se usa da prisão preventiva. Proibição da prática corrente de fundamentar a necessidade de prisão preventiva apenas mediante a reprodução das fórmulas legais, sem motivos concretos que justifiquem a aplicação de tais fórmulas. Indemnização dos cidadãos presos preventivamente que venham a ser absolvidos no julgamento.

5.3.3. *Tratamento penitenciário*

a) Prioridade absoluta à elaboração e aplicação de planos individuais de readaptação social para todos os reclusos condenados;

b) Eliminação urgente do "balde higiénico" e do alojamento em camaratas nos estabelecimentos prisionais onde subsiste;

c) Respeito integral pelos direitos dos reclusos;

d) Remuneração justa do trabalho prisional, que não deveria nunca ser inferior ao "rendimento mínimo de inserção";

e) Cumprimento escrupuloso da regra legal, já existente, da separação total entre reclusos condenados e preventivos;

f) Introdução na lei dos direitos premiais, isto é, de créditos que encurtem a duração da pena com base em bom comportamento, trabalho efectivo, aprovação em cursos de formação, etc;

g) Instituição da concessão do RAVI e do RAVE como regra geral, sendo o regime fechado a excepção e só para os casos mais graves;

h) Apoio unânime à intenção da Comissão de propor a instituição de uma rede de "casas de saída" e uma política de apoio social aos ex-reclusos, nos primeiros meses após a sua libertação, pois o Estado que os condenou e manteve durante anos na prisão não pode abandoná-los por completo no preciso momento em que os considera aptos a conduzir uma vida socialmente responsável, libertando-os da prisão.

5.3.4. *Direitos dos reclusos e apoio jurídico*

a) Elaboração de uma "Carta dos direitos e deveres do recluso", que deveria ser afixada por meio de cartazes bem legíveis, em vários pontos de cada estabelecimento prisional, e também deveria ser entregue, em fascículo impresso, a cada recluso, no dia da sua entrada no respectivo estabelecimento prisional;

b) Medidas concretas e suficientes para assegurar aos reclusos a possibilidade prática de exercer o seu direito de voto, em eleições ou referendos, nacionais, regionais e locais;

c) Sindicabilidade judicial de todas as medidas disciplinares aplicadas aos reclusos;

d) Política de "porta aberta, sem aviso prévio", em todos os estabelecimentos prisionais, para as instituições reconhecidas para o efeito e, no mínimo, para a Comissão de Direitos Humanos da Ordem dos Advogados;

e) Participação dos advogados nos Conselhos Técnicos, quando forem discutidos assuntos que afectem os direitos dos reclusos seus clientes, v.g. aquando da concessão, ou não, da liberdade condicional;

f) Institucionalização de um "gabinete de apoio jurídico", em cada estabelecimento prisional, em cooperação com a Ordem dos Advogados, para garantir a todos os reclusos sem meios económicos para contratar um advogado o direito à informação e consulta jurídicas, bem como o direito ao patrocínio de advogado.

5.3.5. *Combate à toxicodependência e à SIDA nas prisões*

a) Necessidade de uma política pró-activa de contenção de riscos em meio prisional, dada a especificidade deste;

b) Importância de distinguir o combate administrativo à entrada e circulação de drogas ilícitas nos estabelecimentos prisionais, por um lado, do tratamento médico dos reclusos afectados de toxicodependência, por outro;

c) Algumas ONG's ouvidas pronunciaram-se abertamente a favor da instituição generalizada da distribuição de preservativos, troca de seringas, criação de salas de injecção assistida e, mesmo, de locais higienizados para consumo, quando necessários.

5.3.6. *Reforço da protecção dos direitos das vítimas*

a) Necessidade de nunca esquecer, após a condenação penal de qualquer delinquente, a situação e os direitos das vítimas ou suas famílias;

b) Afirmação de que a vítima não é indemnizada, ou indemnizável, pela prisão do criminoso, mas apenas por medidas de carácter psicológico, social e financeiro;

c) Necessidade de um pacote de medidas tendentes a reforçar os direitos das vítimas.

5.3.7. *Estatuto e formação dos Guardas Prisionais*

a) Necessidade de rever globalmente, em negociação com o respectivo sindicato, o estatuto profissional do Corpo de Guardas Prisionais;

b) Necessidade de aliviar a excessiva carga horária dos Guardas Prisionais, mas sem permitir que nos dias livres possam desenvolver diferente actividade profissional;

c) Conveniência de prosseguir os trabalhos, entretanto interrompidos, de elaboração de um "Código de Conduta do Guarda Prisional";

d) Necessidade de ampliar e melhorar a formação especializada dos Guardas Prisionais, sobretudo em matéria de tratamento penitenciário e de direitos fundamentais dos reclusos;

e) Algumas ONG's fizeram críticas aos Guardas Prisionais, acusando alguns de brutalidade na maneira de lidar com os reclusos, de problemas de alcoolismo nas horas de serviço e, até, de participação na introdução e comércio de drogas ilícitas nos Estabelecimentos Prisionais. Várias dessas ONG's sublinharam, contudo, que tais acusações visavam casos pontuais, carecidos de firme intervenção superior, mas insusceptíveis de generalização a todo o Corpo de Guardas Prisionais, que elogiaram.

5.3.8. *Mecenato e voluntariado*

a) Foi apoiada a intenção da Comissão de propor a criação legal de uma nova modalidade de mecenato – o mecenato para a reinserção social;

b) Foi reclamado o apoio jurídico, administrativo e financeiro às associações de voluntariado que actuam junto dos estabelecimentos prisionais, porquanto lutam com muitas dificuldades de toda a ordem, e nem sempre são bem recebidas pela direcção e pessoal técnico dos estabelecimentos prisionais;

c) Foi reconhecida a necessidade de rapidamente se envidarem esforços no sentido de se criar, a curto prazo, uma federação nacional das associações de voluntariado, que possa servir como interlocutor no diálogo geral com os serviços prisionais e com os serviços de reinserção social;

d) Algumas ONG's sublinharam a necessidade de não limitar os apoios oficiais ao associativismo "caritativo", mas de os alargar também ao associativismo "reivindicativo".

5.3.9. *Considerações finais*

Após as audiências das ONG's, a Comissão analisou todas as suas críticas e sugestões, aceitando umas, rejeitando outras, e considerando que algumas delas terão mais cabimento numa fase posterior da Reforma, *v.g.* aquando da elaboração da Lei de Execução das Penas e Medidas Privativas da Liberdade, bem como do Regulamento Geral dos Estabelecimentos Prisionais.

VI – CONCLUSÕES DA ANÁLISE EFECTUADA E SENTIDO GERAL DA REFORMA PROPOSTA

Das leituras e debates feitos no âmbito da Comissão, das deslocações efectuadas aos estabelecimentos prisionais atrás referidos, do diálogo, oral e escrito, entabulado com os reclusos, das opiniões ouvidas a diversos directores de estabelecimentos prisionais e respectivo pessoal técnico, das audições feitas às entidades referidas neste relatório, bem como dos dados dele constantes, a Comissão extrai as seguintes conclusões, que constituem a sua análise do sistema prisional português no momento presente, assim como as linhas gerais da reforma que se lhe afigura mais adequada.

6.1 No plano qualitativo

A situação actual do sistema prisional português é má, fruto de várias décadas de desatenção e desinvestimento dos poderes públicos na melhoria do sistema, e não atinge, em vários aspectos, os padrões de qualidade exigíveis, no início do século XXI, a um Estado de Direito Democrático, baseado na dignidade da pessoa humana (Constituição, artigos 1.º e 2.º).

A condenação de um indivíduo a uma pena de prisão efectiva priva-o da liberdade e sujeita-o a determinadas regras específicas de disciplina,

86 *Relatório da Comissão de Estudo e Debate da Reforma do Sistema Prisional*

mas não pode acarretar consigo o desrespeito pelos demais direitos do recluso enquanto cidadão, nem colocá-lo em condições de vida desumanas.

O actual grau de respeito pelos direitos e garantias dos reclusos revela-se insuficiente, exigindo medidas que o assegurem em plenitude, dentro dos limites traçados pela própria condenação e pelos termos da execução desta.

As condições de alojamento, salubridade, higiene, alimentação, saúde, ocupação, trabalho, utilização de tempos livres, convívio e relações com o exterior da generalidade dos reclusos são, em muitos casos, deficientes e mesmo inaceitáveis, excepto em alguns estabelecimentos mais recentes ou renovados.

No entanto, é de elementar justiça reconhecer o esforço, o empenhamento e a boa vontade de muitos funcionários que, frequentemente, só com grande dedicação e profissionalismo conseguem ultrapassar problemas de muito difícil resolução.

O sistema prisional não é, nem pode ser, um gueto, colocado fora das fronteiras da sociedade e das suas principais preocupações, nem pode ser relegado, pela desatenção e desleixo de governantes e governados, para uma condição que o transforme em mero depósito de mulheres e homens cujos direitos fundamentais não sejam plenamente respeitados.

A situação qualitativa dos reclusos em Portugal é manifestamente pior do que podia e devia ser, devido ao facto de as medidas e soluções adoptadas na lei de execução das penas de 1979, no Código Penal de 1982 e no Código de Processo Penal de 1987 – de um modo geral, francamente bem concebidas – terem, em aspectos essenciais, ficado letra morta nas últimas duas décadas, por não terem sido criadas as condições e disponibilizados os meios necessários à sua efectiva implementação prática. Em especial, é verdadeiramente lamentável que o "plano individual de readaptação social" (PIR), previsto na lei como método aplicável "a todos" os condenados, não esteja ainda hoje a ser aplicado "a nenhum", por falta de meios humanos e técnicos mínimos que permitam começar a pô-lo em prática. Portugal, nessa matéria verdadeiramente crucial, perdeu por completo vinte anos – sobretudo porque, tendo legislado bem, nada fez para assegurar, como manda a Constituição, a boa execução das leis.

A consequência mais imediata deste estado de coisas salta logo à vista: a execução individualizada da pena de prisão continua a não ser orientada, de forma sistemática e programada, como determina a lei (e bem), no "sentido da reintegração social do recluso, preparando-o para conduzir a sua vida de modo socialmente responsável, sem cometer crimes" (artigo 43.º, n.º 1, do Código Penal).

Perante este diagnóstico, a reforma a fazer deve ser conduzida no sentido da criação de condições que transformem o nosso sistema prisional num sistema humano, justo e seguro, orientado para a reinserção social dos reclusos, que seja plenamente eficaz e dotado da organização, dos recursos humanos e dos meios materiais e financeiros necessários à integral consecução das finalidades últimas que justificam a sua existência.

6.2. No plano quantitativo

Nas duas décadas e meia que decorreram de 1959 a 1983, o sistema prisional português nunca sofreu de sobrelotação. Em 1984, porém, começou a sobrelotação dos nossos estabelecimentos prisionais. De então para cá, passaram 20 anos e nunca mais a situação se normalizou. E só conheceu três pequenos recuos em 1991, 1994 e 1999, por mero efeito de amnistias ou perdões gerais concedidos pelo poder político. A taxa de sobrelotação era, em 15 de Novembro de 2003, de 120%.

Por outro lado, como já foi referido, Portugal está, em matéria de número de presos por cem mil habitantes, na situação pouco invejável de ter uma das maiores taxas de detenção da Europa (juntamente com a Inglaterra e País de Gales). Ora, se, actualmente, o número de presos por 100 mil habitantes fosse em Portugal idêntico ao da média dos 15 países da União Europeia, o nosso país teria cerca de 9000 reclusos nas suas cadeias, em vez dos 13 985 (15 de Novembro de 2003) que possui; com aquele primeiro número, não haveria sobrelotação do sistema prisional em Portugal.

As causas da sobrelotação são múltiplas e não podem ser artificialmente imputadas a uma única razão. Em síntese, é possível afirmar que:

a) A sobrelotação das prisões portuguesas não provém de uma utilização excessiva, pelos tribunais, da condenação à pena de prisão efectiva (que tem vindo a decair nos últimos anos);

b) A sobrelotação tão-pouco decorre de uma percentagem que possa considerar-se excessiva de prisões preventivas em relação às condenações a pena de prisão: em termos comparativos, como vimos, Portugal está, sob este aspecto, alinhado com a média europeia;

c) A sobrelotação, enfim, também não resulta de um número demasiado elevado de reclusos estrangeiros: Portugal é, na União Europeia, o terceiro país com menor percentagem de reclusos estrangeiros nas suas prisões (embora esse número tenha vindo a aumentar).

Ora, se a sobrelotação não provém de nenhuma das causas acabadas de referir – e que são, em termos gerais, as mais apontadas pela opinião pública –, quais são, então, as suas verdadeiras causas?

No entender da Comissão, elas podem resumir-se, de forma muito sintética, a duas:

a) A permanência excessivamente longa dos reclusos em meio prisional, por razões que adiante melhor serão explicadas;

b) A insuficiência e a ineficácia do investimento público em estabelecimentos prisionais, nos últimos 20 anos, sem que o grande aumento da população prisional tenha tido resposta adequada no aumento do "espaço prisional".

Numa palavra: a pressão da sociedade sobre o sistema prisional aumentou muito, mas o Estado não deu ao sistema capacidade de resposta. O resultado foi a crise que actualmente se verifica.

Note-se, aliás, que a sobrelotação dos estabelecimentos prisionais não é apenas negativa do ponto de vista estatístico, ou por nos deixar mal colocados no contexto europeu.

Os seus efeitos nefastos, além das consequências que tem na diminuição da qualidade da intervenção técnica dos serviços, são outros, e bem piores: acumulação excessiva de reclusos em instalações concebidas para muito menos pessoas; substituição da desejável "cela individual" pelo sistema, inaceitável quando generalizado, das "camaratas"; mau arejamento das celas; convívio forçado de cada recluso com muitos outros, com as inerentes falta de privacidade e multiplicação de conflitos; desumanização do meio prisional; e maiores problemas de disciplina.

O combate à crise, no plano quantitativo aqui abordado, tem de ser também uma prioridade dos governantes, e só poderá ser eficaz (posto de lado o método ilusório das amnistias e perdões gerais) se actuar contra as duas principais causas de sobrelotação. Isto é, por um lado, diminuindo a pressão sobre o sistema prisional – pelo maior recurso a penas não privativas da liberdade e pela redução do tempo efectivo de prisão de uma boa parte dos reclusos – e, por outro, aumentando a capacidade do sistema, sem abdicar do princípio geral do internamento em cela individual – pela construção de um número suficiente de novos estabelecimentos prisionais, bem como pela ampliação e modernização dos que não tiverem de ser extintos.

6.3. No plano físico

O actual parque penitenciário português, constituído por 55 estabelecimentos prisionais, apresenta três defeitos principais:

a) Não tem unidades em número e lotação suficientes para alojar a população prisional existente;

b) Comporta alguns edifícios muito degradados e sem condições mínimas ou adequadas de higiene e salubridade;

c) Integra diversos estabelecimentos que, pela sua localização, estrutura ou dimensão, não proporcionam condições adequadas de tratamento penitenciário.

Esta análise aponta para a adopção de soluções que passem igualmente pelos três vectores indicados, a saber:

a) Construção de novos estabelecimentos, de localização, dimensão e estrutura adequadas;

b) Realização de obras de conservação ou modificação nas unidades que devam manter-se;

c) Extinção dos estabelecimentos que, pela sua localização, dimensão ou estrutura, ou pelo seu estado de degradação irrecuperável, devam ser fechados.

Analisada a situação actual do nosso sistema prisional, e extraídas dela as grandes orientações para a reforma de que o mesmo carece, falta agora enunciar as linhas gerais que esta Comissão propõe para a Reforma do Sistema Prisional português.

Disso se ocupa o Capítulo VII deste relatório, que se segue de imediato.

VII – LINHAS GERAIS DA REFORMA DO SISTEMA PRISIO-NAL PORTUGUÊS

Considera a Comissão que a necessária reforma do sistema prisional passa, não apenas por uma revisão da legislação directamente ligada a este (como seja a lei de execução das penas e medidas privativas da liberdade, a lei dos tribunais de execução das penas, a lei orgânica da Direcção-Geral dos Serviços Prisionais e a lei orgânica do Instituto de Reinserção Social), mas também pela alteração, pontual, da lei penal e processual penal, bem como de alguma legislação avulsa sobre as matérias destas.

Não compete, como é óbvio, a esta Comissão, pelas atribuições que lhe foram cometidas, propor detalhadamente alterações significativas da legislação penal e processual penal; nem sequer avaliar, em toda a sua extensão, as implicações na coerência do sistema das medidas que neste relatório propõe. A proposta, aqui, de tais medidas é única e exclusivamente determinada pelo mandato conferido a esta Comissão de delinear uma reforma global do sistema prisional, incluindo nela as propostas de alteração pontual de legislação que, no seu entender, se revelem necessárias para solucionar problemas agudos que existem no sistema e que a Comissão entende resultarem directamente de algumas das soluções legais actualmente em vigor.

As recomendações ora formuladas pela Comissão, na sequência do estudo feito, desdobram-se em dois capítulos: por um lado, o das recomendações no sentido de alterações pontuais da lei penal e processual penal e de outra legislação avulsa; por outro, o das restantes recomendações consideradas pertinentes.

7.1. Recomendações no sentido de alterações pontuais da lei penal e processual penal e de outra legislação avulsa

7.1.1. *Proposta de transformação da pena de prestação de trabalho a favor da comunidade em pena principal*

Em Portugal, neste momento, é muito escasso o recurso a este tipo de pena, apesar de prevista no Código Penal desde 1982. O facto tem diversas consequências negativas: não só desaproveita uma sanção penal de significativo conteúdo pedagógico e reparador, como contribui decisi-

Relatório Final da CEDERSP 91

vamente para a sobrelotação prisional, porque faz ingressar nos estabelecimentos prisionais um número não negligenciável de condenados a prisão efectiva, que, de outro modo, podiam cumprir uma pena não privativa da liberdade, fora do meio prisional.

Para alterar este estado de coisas, considera-se que deve ser criada uma nova pena principal – a de prestação de trabalho a favor da comunidade. Esta pena, diversamente do que hoje prevê o artigo 58.º do Código Penal, seria configurada como pena principal – e não como pena substitutiva da pena de prisão –, na medida em que estaria prevista como pena imediatamente aplicável em determinados tipos da Parte Especial do Código Penal.

Respeitando as directrizes constitucionais e a filosofia do Código Penal (cfr. o n.º 5 do artigo 58.º), o consentimento do condenado continuaria a constituir um requisito essencial da aplicação desta pena.

Havendo numerosos tipos de crimes para os quais esta pena se afigura mais adequada do que a prisão ou a multa, e sendo certo que o Instituto de Reinserção Social está preparado para facultar meios adequados para a execução de tal pena (designadamente através de protocolos, já celebrados, com autarquias locais e IPSS's), só falta que – a exemplo do que acontece, com assinalável êxito, em tantos países europeus que nos servem de referência – a lei dê um sinal claro da importância primacial desta pena e que a formação dos magistrados, nomeadamente no Centro de Estudos Judiciários, contribua efectivamente para criar uma cultura judicial que lhe seja propícia.

7.1.2. *Suspensão da execução da pena de prisão*

Esta medida já se encontra prevista no Código Penal, sendo bastante aplicada nos casos de suspensão simples, mas muito pouco utilizada na modalidade de suspensão com sujeição a deveres, a regras de conduta ou a regime de prova. A Comissão considera que deve, em geral, alargar-se o âmbito de aplicação desta medida e, em especial, incentivar-se a utilização da suspensão sujeita a condições.

Em primeiro lugar, considera-se pertinente alargar o âmbito de aplicação desta medida, de forma a abranger penas de prisão até 5 anos – e não somente até 3 anos. Trata-se de uma inovação segura, porquanto a última palavra cabe sempre ao tribunal, que pondera os elementos referidos no n.º 1 do artigo 50.º do Código Penal, e que pode subordinar a suspensão da execução da pena de prisão ao cumprimento de deveres ou à observância de regras de conduta, ou determinar que a suspensão seja acompanhada de regime de prova.

Em segundo lugar, entende a Comissão que a lei penal deverá dar sinais claros no sentido de uma utilização mais intensiva da suspensão sujeita a condições, pelo seu efeito muito eficaz do ponto de vista da reinserção social dos condenados.

7.1.3. *Estudo da possível introdução do sistema de* combination orders

O sistema de *combination orders*, oriundo do direito anglo-saxónico, consiste fundamentalmente em permitir ao tribunal, quando for caso disso, aplicar, de forma combinada, vários tipos de penas, com execução sequencial e faseada.

A introdução deste sistema no direito penal português merece ser estudada com a possível brevidade, dado que um dos seus efeitos mais frequentes é a redução dos casos de prisão efectiva ou a redução da sua duração.

7.1.4. *Liberdade condicional*

O instituto da liberdade condicional tem a maior importância no sistema de execução da pena de prisão, em especial na execução das penas de média e longa duração, na medida em que afasta os inconvenientes de uma permanência em reclusão por períodos demasiado longos, quando tal deixe de se justificar, e em que assegura uma transição menos brusca da reclusão prisional para a liberdade total.

Actualmente, em Portugal, e para além dos casos de concessão obrigatória da liberdade condicional aos cinco sextos da pena, a concessão facultativa dessa medida tornou-se mais complexa e mais difícil em virtude da revisão do Código Penal de 1995, com consequências negativas em diversos planos. Nomeadamente, passou a haver casos de crimes em relação aos quais a concessão da liberdade condicional deixou de poder fazer-se a partir do meio da pena e passou a depender de já terem decorrido dois terços de execução da pena. Por outro lado, suprimiu-se o mecanismo da obrigação de renovação anual da instância, podendo acontecer (e acontecendo de facto) que reclusos com manifesta progressão positiva no seu processo individual de reinserção social não vejam reapreciada a sua situação em momento útil, o que provoca desmotivação na adesão às finalidades da execução da pena. Além de tudo isto, há também o grave inconveniente de interpretações divergentes da lei por parte dos diversos tribunais de execução das penas, o que afecta seriamente a igualdade de tratamento jurídico dos reclusos, por vezes até dentro do mesmo estabelecimento prisional (destas decisões, no regime actual, não há recurso).

Além disso, as exigências legais que decorrem do n.º 5 do artigo 61.º do Código Penal impedem a concessão da liberdade condicional no preciso momento em que por razões substantivas ela se justifique, só para aguardar os últimos 5 anos da pena aplicada, o que pode gerar situações materialmente injustas.

À luz destas considerações, a Comissão propõe que os problemas acima enunciados sejam devidamente estudados, em sede própria, de modo a permitir que a lei penal lhes dê a resposta mais adequada.

7.1.5. *Indulto*

Sugere-se uma alteração ao regime em vigor, no sentido de conferir ao juiz de execução das penas a faculdade de suscitar o indulto a todo o tempo, eventualmente sob proposta da administração penitenciária ou do Ministério Público. Nos termos da alínea *f)* do artigo 134.º da Constituição, compete ao Presidente da República, ouvido o Governo, indultar e comutar penas. O processo de indulto e de comutação está regulado na Lei dos Tribunais de Execução das Penas (Decreto-Lei n.º 783/76, de 29 de Outubro), em termos que se afiguram limitativos da competência própria do Presidente da República e, portanto, de duvidosa constitucionalidade. Recomenda-se que na revisão do referido diploma se adaptem as suas disposições ao previsto na Constituição.

7.1.6. *Revisão dos artigos 21.º e 52.º do Decreto-Lei n.º 15/93, de 22 de Janeiro (tráfico e consumo de estupefacientes e substâncias psicotrópicas)*

É de todos conhecido (e já ficou referido no número 2.2.4. deste relatório) que, a partir de 1993, a criminalidade associada ao tráfico e

94   *Relatório da Comissão de Estudo e Debate da Reforma do Sistema Prisional*

consumo de estupefacientes e substâncias psicotrópicas aumentou exponencialmente; os seus autores constituem hoje o maior segmento da população prisional portuguesa. Além disso, a circunstância de, em muitos casos, a incriminação por tráfico ou tráfico e consumo de estupefacientes e substâncias psicotrópicas não distinguir suficientemente os crimes de maior gravidade dos restantes conduz ao ingresso nos estabelecimentos prisionais de responsáveis por ilícitos de menor gravidade, porventura nem sempre justificativa de uma pena de prisão efectiva. Acresce ainda que o Decreto-Lei n.º 15/93, de 22 de Janeiro, veio, no seu artigo 49.º-A, determinar que os condenados a pena de prisão superior a 5 anos, pela prática de crimes previstos nos seus artigos 21.º a 23.º e 28.º, só poderão beneficiar da liberdade condicional quando se encontrarem cumpridos dois terços da pena, sendo certo que a experiência dos serviços prisionais e dos serviços de reinserção social aponta no sentido de que, em muitos casos, se justificaria a apreciação da concessão daquela medida decorrida metade da execução da pena.

Nesse sentido, propõe-se uma revisão dos artigos 21.º e seguintes do Decreto-Lei n.º 15/93, de 22 de Janeiro, visando, desde logo, consagrar um abaixamento do limite mínimo da moldura penal aplicável ao *"tráfico e outras actividades ilícitas"*, bem como uma revisão das circunstâncias agravantes referidas no artigo 24.º, de tal forma que a lei passe a diferenciar mais claramente condutas de gravidade e censurabilidade muito distintas, que vão desde a simples detenção de substâncias ilícitas e sua aquisição para consumo próprio aos casos, muito mais graves, de tráfico organizado e de produção e exportação em larga escala. Deste modo, deveriam os preceitos citados ser revistos no sentido de redefinir mais claramente os diferentes tipos legais e não permitir a desvalorização sistemática que tem sido feita, na prática, dos tipos legais previstos e punidos nos artigos 25.º e 26.º (*"crime de tráfico de menor gravidade"* e *"traficante-consumidor"*, respectivamente), aplicando-se, na grande maioria dos casos, apenas a norma do artigo 21.º (*crimes de tráfico de maior gravidade*).

Por último, o Decreto-Lei n.º 15/93, de 22 de Janeiro, ao exigir que a prova do estado de toxicodependência seja feita com recurso à perícia médico-legal, implica sempre uma grande morosidade processual, dado que, actualmente, essas perícias costumam demorar vários meses. Sugere--se assim a eliminação da necessidade da perícia prevista no artigo 52.º. Este preceito deverá passar a prever apenas a necessidade de elaboração de relatório médico por parte dos serviços oficiais de tratamento à toxicodependência, continuando a prever-se, todavia, que o arguido possa requerer a perícia médico-legal, se assim o desejar.

7.1.7. *Prisão preventiva*

Resulta do que ficou dito atrás, no número 3.2.1., que, ao contrário do que por vezes se ouve dizer, a percentagem de presos preventivos relativamente ao total de reclusos, em Portugal, não nos coloca na cauda da Europa, antes tende a situar-nos próximos da média da União Europeia, ou até um pouco abaixo dela. Contudo, esta conclusão não pode dispensar-nos de uma análise mais fina. Com efeito – e mesmo descontando as dificuldades da comparação em si mesma, por eventual utilização de critérios distintos –, há que ter em conta, por um lado, a circunstância de, sendo excessivo o número total de reclusos por habitante no nosso País, a aplicação a esse número da percentagem média europeia esconder que também deve considerar-se excessivo o número total de presos preventivos por habitante em Portugal; e, por outro lado, o facto de, em consequência dos prazos excepcionalmente alongados da prisão preventiva na actual legislação portuguesa, bem como das grandes demoras em regra verificadas na investigação criminal (independentemente da complexidade dos processos) e no período decorrente entre a acusação e o julgamento, os presos preventivos permanecerem por períodos demasiado longos na situação de reclusos, situação ainda mais agravada pelo facto de continuarem a ser considerados presos preventivos, no nosso País, os condenados em primeira instância que aguardam o trânsito em julgado das decisões de recurso.

Esta situação não tem apenas consequências negativas no aspecto da sobrelotação prisional: tão grave, ou mais grave do que isso, é a circunstância de dela decorrerem outros efeitos nefastos, a saber, a dificuldade acrescida de concretizar a separação entre preventivos e condenados, a dificuldade de gestão penitenciária de duas situações tão díspares, e a impossibilidade legal de aplicação de métodos de reinserção social e de medidas de flexibilização a reclusos não condenados.

Outros aspectos preocupantes da situação actual são, à luz dos dados de 2002: o facto de 21,3% dos presos preventivos à data do julgamento não terem sido condenados ao cumprimento de pena de prisão efectiva; as possíveis dúvidas decorrentes, quanto aos critérios que levam a decretar a prisão preventiva, da circunstância de um número significativo de presos preventivos (6,3%) não terem sido objecto, nesse mesmo ano, de qualquer condenação; e ainda o facto de, como também é de todos sabido, uma percentagem significativa dos presos preventivos submetidos a julgamento em primeira instância, quando condenados, o serem precisamente a uma pena de duração idêntica ao tempo de prisão preventiva que já cumpriram, o que deixa dúvidas sobre se, caso estivessem sujeitos a outra medida de coacção, não poderiam vir a ser condenados a uma pena não privativa da liberdade ou a uma pena de prisão efectiva de menor duração.

Em suma, sendo o princípio da presunção de inocência uma garantia dos arguidos, o que vem a acontecer na prática é que a sua situação de presos preventivos os acaba por colocar, havendo demoras excessivas, em situação jurídica e de facto em vários aspectos menos favorável do que aquela que corresponde aos presos condenados.

À luz destas considerações, entende a Comissão que é da maior importância e urgência rever o regime jurídico da prisão preventiva e a prática correspondente, sem prejuízo da necessária diferenciação de prazos em razão da maior ou menor complexidade da investigação criminal. Não compete a esta Comissão, pela natureza do seu mandato, estudar ou propor tal revisão. Mas ficam assinalados os aspectos mais gravosos que o regime actualmente vigente comporta na óptica da reforma do sistema prisional, na convicção de que esta perspectiva, ainda que parcelar, não deve deixar de ser tida em conta na análise exaustiva do referido problema.

Como resulta da própria Constituição (artigo 28.º, n.º 2), *"a prisão preventiva tem natureza excepcional"*. Importa assegurar que a lei ordinária e a prática administrativa e judicial sejam colocadas em rigorosa harmonia com esse fundamental princípio constitucional.

7.1.8. *Utilização das diferentes medidas de coacção*

Verifica-se, pelos indicadores estatísticos mais recentes, que, do conjunto de medidas de coacção previstas no Código de Processo Penal, as mais utilizadas são, em primeiro lugar, o termo de identidade e residência (a menos gravosa do elenco) e, logo em segundo lugar, a prisão preventiva (a mais gravosa do elenco). Verifica-se também que as restantes medidas de coacção, em número de 5, são claramente sub-utilizadas. A Comissão recomenda que o legislador processual penal dê um sinal claro no sentido do reforço da utilização das medidas de coacção de gravidade intermédia. O que se deixa dito é também aplicável à medida de coacção prevista no artigo 55.º do Decreto-Lei n.º 15/93, de 22 de Janeiro, e que consiste, para arguidos toxicodependentes, na possibilidade de substituição da prisão preventiva pela obrigação de tratamento em estabelecimento adequado.

7.1.9. *Alargamento do âmbito da vigilância electrónica*

Actualmente, a vigilância electrónica, regulada pela Lei n.º 122/99, de 20 de Agosto, é um meio de controlo que permite apenas a fiscalização do cumprimento da medida de coacção consistente na obrigação de permanência na habitação, prevista no artigo 201.º do Código de Processo Penal. Trata-se de um programa experimental, implementado a partir de 1 de Janeiro de 2002 e com duração até 3 anos, limitado actualmente às comarcas da Área Metropolitana de Lisboa e a certas comarcas da região do Grande Porto.

Ora, face aos bons resultados do Programa, e sem prejuízo da respectiva avaliação, propõe-se a sua progressiva generalização a todo o território nacional.

Paralelamente, e como mais uma forma de contribuir para uma diminuição efectiva da sobrelotação prisional, propõe-se ainda – à imagem do que, com inegável êxito, vem já a acontecer em diversos países europeus – a utilização da vigilância electrónica em outras situações, designadamente:

(a) Como modalidade alternativa de execução das penas de prisão de curta duração, ou de remanescentes de penas de prisão de curta duração que hajam sido efectivamente aplicadas, isto é, que não tenham sido substituídas por prestação de trabalho a favor da comunidade ou cuja execução não tenha sido suspensa. Ainda que eventualmente circunscrito a certos tipos de crime, o recurso a esta modalidade alternativa de execução da pena de prisão deveria ser obrigatoriamente ponderado pelo juiz após a condenação, tendo por base um relatório social elaborado pelos serviços de reinserção social e sendo exigível sempre o consentimento do condenado e dos seus coabitantes;

(b) Antecedendo por um curto período – porventura até 6 meses – a concessão da liberdade condicional, quando estejam verificados os requisitos substanciais desta. Ainda que eventualmente circunscrita a certos

98 Relatório da Comissão de Estudo e Debate da Reforma do Sistema Prisional

tipos de crime ou durações de pena, seria sempre exigível o requerimento do condenado, bem como os pareceres da administração prisional e dos serviços de reinserção social.

7.1.10. *Considerações sobre o princípio da oportunidade em Processo Penal*

Uma das propostas de reforma bastante discutidas, no âmbito da justiça penal, é a introdução do princípio da oportunidade, visando uma política criminal pragmática e diferenciada e, por isso, mais eficaz.

Actualmente, a suspensão provisória do processo, o processo sumaríssimo e o arquivamento em caso de dispensa de pena são três institutos em que já se verifica uma certa margem de discricionaridade do Ministério Público em matéria de acção penal, traduzindo-se assim em outros tantos afloramentos do princípio da oportunidade.

Não cabendo a esta Comissão estudar ou propor as melhores formas de compatibilização entre o princípio da legalidade e o princípio da oportunidade, em geral, limitar-se-á a propor – mais uma vez, do ponto de vista da reforma do sistema prisional – algumas medidas pontuais que se afiguram convenientes: a maior utilização da suspensão provisória do processo e o recurso à mediação penal.

7.1.11. *A suspensão provisória do processo*

A suspensão provisória do processo é uma medida dirigida ao tratamento processual da pequena e média criminalidade. Tal como decorre do Código de Processo Penal, é aplicável aos crimes puníveis com pena de prisão até 5 anos, desde que se encontrem verificados certos pressupostos e que o arguido cumpra as injunções e as regras de conduta que lhe forem fixadas. De acordo com o artigo 281.º do mesmo Código, as medidas propostas pelo Ministério Público têm ainda de merecer a concordância do juiz de instrução, do arguido e do assistente.

Com este instituto, o legislador pretendeu evitar o julgamento e a eventual condenação de um arguido que cometeu um delito de pequena gravidade e com culpa diminuta, se não se verificarem, no caso concreto, especiais exigências de prevenção.

Sabe-se, no entanto, que há várias dificuldades na aplicação prática do instituto.

Considera-se ser necessário inverter a realidade reflectida nas estatísticas disponíveis, pelo que se propõe alargar o domínio de aplicação da suspensão provisória do processo, contrariando alguns dos bloqueios legais, organizacionais e culturais existentes, o que terá como consequência natural a diminuição do número de processos que chegam à fase de julgamento e das penas de prisão efectiva relacionadas com a pequena e média criminalidade.

Nestes termos, sugere-se o seguinte:

a) Por um lado, propõe-se que se elimine o requisito da ausência de antecedentes criminais do arguido como obstáculo à aplicação da medida. Considera-se que os pressupostos do *"carácter diminuto da culpa"* e da previsão de que *"o cumprimento das injunções e regras de conduta responda suficientemente às exigências de prevenção que no caso se façam sentir"* são suficientes para valorar a conduta do arguido e encontrar um equilíbrio adequado entre a sua personalidade e os fins da suspensão provisória do processo;

b) Por outro lado, propõe-se que o arguido possa requerer a aplicação da suspensão provisória do processo. Actualmente, a decisão de suspensão, no âmbito do inquérito, é da responsabilidade do Ministério Público, ainda que condicionada à concordância do Juiz de Instrução Criminal, fazendo-se aqui valer o princípio da oportunidade. Considera-se que, face à escassa utilização actual deste instituto, se deverá permitir ao arguido que proponha ao Ministério Público a aplicação deste instituto. A determinação das injunções e regras de conduta aplicáveis ao arguido continuaria a cargo do Ministério Público;

c) Sugere-se ainda que a aplicação da suspensão provisória do processo seja lavrada no registo criminal – com efeitos meramente processuais –, como forma de fomentar a credibilidade da medida e a confiança na sua aplicação (designadamente no que respeita aos crimes de condução automóvel sob a influência do álcool, os quais constituíram, em 2002, cerca de 20,7% do universo de todos os crimes julgados no País).

7.1.12. Mediação penal

Sugere-se o recurso à mediação penal na resolução de litígios relacionados com a pequena criminalidade.

A ideia de recorrer a outros modelos, para além do processo judicial, com o fim de resolver conflitos, não é recente. O processo judicial não é a técnica única e universal para solucionar os diferendos que a vida em sociedade gera.

A Europa adoptou estas ideias nos anos 80. A partir de 1994, um pouco por todo o Continente, surgiram projectos-piloto de resolução de conflitos penais, nos quais as partes adversárias estão perante um terceiro neutro, o mediador, com o fim de alcançarem um acordo acerca da reparação dos danos materiais e imateriais. A mediação é o processo, a reparação o resultado.

No ordenamento jurídico português, os crimes particulares e semi-públicos, em que a desistência da queixa pela vítima e a sua aceitação pelo arguido têm como consequência a extinção do procedimento criminal, parecem ser um campo fértil em que se poderiam desenvolver experiências de mediação penal. Deste modo, ganhava-se em celeridade (combatendo a tão criticada morosidade do processo judicial), contribuindo-se ainda para que, afastando a privação da liberdade como sanção aplicada ao agente, se diminuísse a sobrelotação do sistema prisional.

Acresce que a Decisão-Quadro n.º 2001/220/JAI, do Conselho, de 15 de Março de 2001, relativa ao estatuto da vítima em processo penal, veio estabelecer medidas de apoio às vítimas, antes ou depois de iniciado o processo penal, entre as quais se encontra a mediação.

Assim, o artigo 10.º da citada Decisão-Quadro prevê a mediação no âmbito do processo penal e impõe que os Estados-Membros adaptem o direito interno a esta nova realidade até 22 de Março de 2006. Note-se que o Código de Processo Penal, levando em conta as experiências de direito comparado, já avança com mecanismos alternativos no tratamento processual da pequena criminalidade: designadamente, os artigos 280.º e 281.º prevêem respectivamente o *arquivamento em caso de dispensa de pena* e a *suspensão provisória do process*o.

Contudo, a mediação em processo penal ainda não está prevista nem regulada no direito português.

Sugere-se, pois, que se inicie, quanto antes, a construção de um modelo eficaz de mediação penal.

Relatório Final da CEDERSP 101

De novo se sublinha que estas sugestões são apresentadas pela Comissão na convicção de que, se tomadas em conjunto e efectivamente aplicadas, poderão contribuir, de forma não despicienda, para a melhoria do nosso sistema prisional.

7.1.13. *Jovens-adultos*

O regime aplicável em matéria penal aos jovens com idade compreendida entre os 16 e os 21 anos, instituído pelo Decreto-Lei n.º 401/82, de 23 de Setembro, nunca logrou, excepto na parte relativa à atenuação especial da pena (artigo 4.º), obter aplicação prática relevante. Os centros de detenção aí previstos nunca foram criados e a aplicação subsidiária da legislação relativa a menores, para além de ter tido sempre uma escassa utilização, encontra-se desactualizada desde a entrada em vigor, em 2001, da Lei Tutelar Educativa.

Por outro lado, é ainda significativa a percentagem de jovens adultos no conjunto da população reclusa.

Torna-se, assim, necessário, à semelhança do que ocorre em muitos países europeus, e na sequência das mais recentes recomendações do Conselho da Europa (Rec. (2003) 20, de 24 de Setembro de 2003), tomar medidas que evitem, o mais possível, os efeitos estigmatizantes da prisão a jovens delinquentes menores de 21 anos.

Recomenda-se, pois, a revisão do citado Decreto-Lei n.º 401/82, no sentido de permitir ao juiz penal, mediante determinados pressupostos e sempre que razões de prevenção geral ou especial a isso se não oponham, poder optar pela aplicação das medidas previstas na Lei Tutelar Educativa que se revelarem adequadas às circunstâncias concretas de cada caso, se estiverem em causa jovens-adultos.

7.1.14. *Alargamento do regime aplicável aos condenados afectados por doença grave e irreversível (Lei n.º 36/96, de 29 de Agosto)*

A Lei n.º 36/96, de 29 de Agosto, tem por fundamento uma lógica de cariz humanitário. Considera-se que este instituto é um importante e inovador passo de política criminal, mas que tem tido escassa utilização por dificuldades de resposta dos serviços médicos competentes e dos

102 *Relatório da Comissão de Estudo e Debate da Reforma do Sistema Prisional*

meios de tratamento dos referidos doentes. A Comissão recomenda, por um lado, que sejam removidas as citadas dificuldades e, por outro, que o instituto em causa veja alargadas as suas potencialidades de aplicação, através de uma alteração legislativa que permita que a Lei n.º 36/96, de 29 de Agosto, passe a ser também aplicável às seguintes categorias de condenados:

(a) Condenados que padeçam de doença grave, evolutiva e irreversível e que já não respondam às terapêuticas disponíveis;

(b) Condenados portadores de grave deficiência irreversível que, de modo permanente, obrigue à dependência de terceira pessoa, incompatível com a continuação deles em meio prisional;

(c) Condenados com idade igual ou superior a 75 anos, se o juiz de execução das penas considerar que há motivos válidos para este tipo de modificação da execução da pena e que não há razões de prevenção geral ou especial que a tal se oponham.

7.2. Outras recomendações pertinentes sobre a reforma do sistema prisional português

1) Recomenda-se que o Governo conceda a maior prioridade à adopção de todas as medidas de execução previstas na lei-quadro para o ano zero (2004) e para os anos da 1.ª fase (2005 a 2008), de modo a assegurar o arranque da reforma e o seu carácter irreversível como prioridade do Estado e da sociedade portuguesa;

2) Recomenda-se ao Governo que celebre ou actualize, e implemente, o mais rapidamente possível, os protocolos de cooperação previstos na lei-quadro da Reforma do Sistema Prisional e, designadamente, os protocolos entre o Ministério da Justiça e os Ministérios da Educação, da Saúde, e da Segurança Social e do Trabalho;

3) Recomenda-se ao Governo que, no âmbito das suas atribuições e competências, faça tudo quanto estiver ao seu alcance para promover as condições necessárias a uma adequada efectivação das penas e medidas de execução na comunidade, em especial da pena de prestação de trabalho a favor da comunidade;

4) Recomenda-se ao Governo, na sequência de várias propostas recebidas nesse sentido por esta Comissão (e independentemente das medidas que venham a ser adoptadas no curto prazo sobre a matéria), que nomeie uma comissão de peritos – integrando, nomeadamente, representantes da Direcção-Geral dos Serviços Prisionais, do Instituto de

Reinserção Social, do Instituto da Droga e da Toxicodependência e da Comissão Nacional de Luta contra a Sida –, incumbida de apresentar, até 31 de Dezembro de 2004, um programa detalhado de combate à toxicodependência e às doenças infecciosas virais graves no meio prisional. Recomenda-se igualmente ao Governo que, aprovado tal programa, confira aos organismos competentes, designadamente os acima citados, os meios necessários para o implementar com eficácia;

5) De modo especial, recomenda-se ao Governo que, no âmbito da protecção da saúde dos reclusos, promova, com urgência, a adopção das soluções adequadas à efectiva integração destes no âmbito do Serviço Nacional de Saúde, com as adaptações necessárias ao meio prisional, e, em particular, a adopção de soluções que contemplem a problemática específica da saúde mental e de outras patologias que requeiram cuidados continuados;

6) Recomenda-se ao Governo que tome, através dos Ministérios da Justiça e da Segurança Social e do Trabalho, as medidas necessárias a uma adequada preparação dos reclusos para o ingresso na vida activa, nomeadamente no domínio do emprego e da formação profissional, revendo e ampliando as soluções actualmente existentes, em especial o estatuto jurídico e o modo de funcionamento do Centro Protocolar de Formação Profissional do Sector da Justiça;

7) Recomenda-se ao Governo que procure sensibilizar a Ordem dos Advogados para, nos termos que forem acordados em protocolo, prestar apoio efectivo aos reclusos na concretização do princípio do acesso ao direito, constitucionalmente garantido a todos os cidadãos;

8) Recomenda-se ao Governo que sejam tomadas, a curto prazo, em articulação com o Secretariado Técnico dos Assuntos para o Processo Eleitoral – STAPE –, as medidas concretas, necessárias e suficientes para garantir a plena viabilidade prática do exercício do direito de voto dos reclusos que dele gozem em todas as eleições (europeias, nacionais, regionais e locais);

9) Recomenda-se que, no âmbito do Ministério da Administração Interna, sejam devidamente instalados, nos locais previstos na lei, todos os estrangeiros que aguardem a expulsão do território português, decretada pela autoridade competente. Na verdade, é de considerar inadequada, excessiva e porventura contrária ao princípio do Estado de Direito Democrático (art. 2.º da CRP), a prática actual de colocar esses indivíduos, em regime de prisão preventiva, em estabelecimentos prisionais, apenas por falta das instalações próprias previstas na lei;

104 *Relatório da Comissão de Estudo e Debate da Reforma do Sistema Prisional*

10) Recomenda-se que o Estado Português, através dos Ministérios da Justiça e dos Negócios Estrangeiros – e de modo a assegurar a maior proximidade dos condenados em relação ao seu meio nos países de origem e, bem assim, a diminuir a sobrelotação das prisões portuguesas –, promova a celebração, quando necessária, de acordos bilaterais de transferência de estrangeiros condenados a prisão efectiva, a cumprir pena no nosso País, bem como a agilização dos procedimentos de execução das convenções internacionais já em vigor. Há que salvaguardar, no entanto, os casos em que o projecto de reinserção social do estrangeiro condenado tenha condições efectivas para se concretizar em Portugal;

11) Recomenda-se ao Governo que defina, de forma global e com carácter prioritário, um programa de apoio aos ex-reclusos, atendendo às necessidades específicas de cada caso, no período imediatamente posterior à sua libertação, condicional ou definitiva, incluindo – de acordo com a proposta de lei-quadro da Reforma do Sistema Prisional – a criação de uma rede de casas de saída e a concessão aos ex-reclusos dos apoios que se mostrarem necessários, nomeadamente em termos de rendimento social de inserção, ajuda à procura de emprego e obtenção de adequada formação profissional;

12) Recomenda-se ao Governo que estabeleça as formas adequadas de cooperação com as confissões religiosas reconhecidas, nos termos concordatários ou legais, não apenas para prestar assistência religiosa aos reclusos, mas também para acolher a participação daquelas instituições em tarefas de natureza humanitária e social junto dos reclusos, ex-reclusos e respectivas famílias;

13) Idêntica recomendação se formula quanto ao trabalho desenvolvido pelas Misericórdias, outras instituições particulares de solidariedade social, associações de voluntariado e, em geral, por associações de direito privado sem fim lucrativo e grupos de cidadãos que colaborem com o sistema prisional;

14) Recomenda-se ao Governo que, no âmbito da reforma em estudo do CEJ – Centro de Estudos Judiciários, seja incluída nos respectivos programas de actividade, por um lado, a formação especializada, inicial e permanente, em Direito da Execução das Penas e em Direito da Reinserção Social e, por outro, o contacto efectivo dos auditores e magistrados com a vida interna dos estabelecimentos prisionais, de modo a proporcionar-lhes um conhecimento tão real e completo quanto possível do direito e da realidade prisionais;

15) Recomenda-se ao Governo a criação e desenvolvimento dos meios informáticos necessários ao funcionamento em rede dos tribunais e do sistema prisional, que permita combater, de forma célere e eficaz, a ausência ou desarticulação da informação exigida para o cumprimento das leis em vigor. Designadamente – e no que toca aos objectivos desta Comissão – pretende-se obter a detecção de todos os processos relativos a cada arguido ou agente, independentemente da fase processual em que se encontrem, de modo a permitir, por um lado, a disponibilização imediata de toda a informação necessária ao estabelecimento das conexões processuais a que houver lugar e, por outro, a mais fácil efectivação dos cúmulos jurídicos que devam ser realizados;

16) Recomenda-se ao Governo que promova, com a possível brevidade, a elaboração de uma "Carta Deontológica do Funcionário Prisional";

17) Recomenda-se ao Governo que adopte as medidas necessárias de modo a proporcionar, por forma regular e contínua, a melhoria da qualificação técnica dos funcionários dos serviços prisionais e dos serviços de reinserção social, nomeadamente através da definição de perfis profissionais adequados às diferentes carreiras, de aplicação de métodos apropriados de recrutamento e selecção, bem como de acções de formação inicial e permanente, e de modos adequados de divulgação de boas práticas profissionais.

ANEXO: INFORMAÇÃO ESTATÍSTICA RELATIVA AO SISTEMA PRISIONAL DOS PAÍSES DA UNIÃO EUROPEIA

País	Reclusos	Reclusos por 100 mil Habitantes	Preventivos (%)	Mulheres (%)	Menores (16-18) (%)	Estrangeiros (%)	Taxa de Ocupação (%)
Alemanha	70977	86	23,7	4,5	1,2	30	90,5
Áustria	7805	96	26,9	5,8	1,8	21,7	97
Bélgica	9074	85	39,8	4,4	2	42,7	114
Dinamarca	3383	63	28,5	4,2	*	16,3	92,3
Espanha	55223	126	22,7	8	*	26,6	112,5
Finlândia	3469	67	14,4	5,6	1,2	8,1	106
França	58871	98	36,9	3,8	1,7	21,5	123,2
Grécia	8486	85	24,7	5	*	45,5	152
Holanda	12885	80	44	6,6	2,4	30,3	95,6
Irlanda	3165	81	18,8	3,3	*	6	86
Itália	55670	96	38,9	4,4	0	*	134,4
Luxemburgo	391	87	51,7	6,4	2,8	64,7	57,3
Portugal	13772	132	30,6	8,1	2,4	14,9	118,4
Inglaterra e PG	69612	134	17,5	5,9	6	*	*
Suécia	5955	73	29,5	5,1	*	27,2	97

Fonte: Serviços prisionais de cada um dos Estados-membros considerados.

Lisboa, 12 de Fevereiro de 2004

O Presidente da Comissão de Estudo e Debate da Reforma do Sistema Prisional,

(Professor Doutor Diogo Freitas do Amaral)

Os Vogais da Comissão,

(Dr. Luís Miranda Pereira)

(Dr.ª Maria Clara Albino)

(Dr. Pedro Duro, em substituição da vogal efectiva,
Dr.ª Assunção Cristas)

(Dr.ª Conceição Gomes)

ANTEPROJECTO DA PROPOSTA DE LEI-QUADRO DA REFORMA DO SISTEMA PRISIONAL

Exposição de motivos

A presente proposta de lei decorre directamente do trabalho da Comissão de Estudo e Debate da Reforma do Sistema Prisional (CEDERSP), criada pela Portaria n.º 183/2003, de 21 de Fevereiro, no âmbito do Ministério da Justiça, presidida pelo Professor Doutor Diogo Freitas do Amaral e que contou com a presença de representantes da Direcção-Geral dos Serviços Prisionais, do Instituto de Reinserção Social, do Gabinete de Política Legislativa e Planeamento do Ministério da Justiça e do Observatório Permanente da Justiça Portuguesa.

Recorde-se que foram atribuídas à CEDERSP, pela referida portaria, as seguintes atribuições:

a) Analisar, em toda a sua extensão, as características estruturais e a situação actual do sistema prisional português, bem como os aspectos determinantes que, em termos de pressupostos legais e de ambiência externa, o condicionam;

b) Considerar a informação relevante disponível, quer nacional quer estrangeira e internacional, que permita definir o modelo de organização e gestão de um sistema prisional mais adequado a um país da dimensão e características do nosso;

c) Promover um amplo debate público nacional sobre os temas mais relevantes para a definição do futuro do nosso sistema prisional, designadamente com a colaboração das universidades e da sociedade civil;

d) Elaborar um relatório final que, partindo das conclusões alcançadas, contenha as reflexões e recomendações da própria comissão e termine com a formulação de dois textos:

110 *Relatório da Comissão de Estudo e Debate da Reforma do Sistema Prisional*

1. Linhas gerais da reforma do sistema prisional português, incluindo, se for caso disso, a recomendação das alterações de alguns dos seus pressupostos legais que se mostrem indicadas;
2. Proposta de lei-quadro de reforma do sistema prisional português, a submeter pelo Governo à Assembleia da República.

Nesta óptica, a proposta de lei que agora se apresenta assume-se como um momento fundador de uma nova atitude face ao sistema prisional português, pretendendo assegurar consensualmente a consagração normativa de princípios e de regras que, uma vez concretizados, quer através dos restantes diplomas que esta lei implica, quer através das medidas administrativas necessárias, permitirão assegurar uma melhoria acentuada da situação das prisões portuguesas e do nível de reinserção social dos reclusos.

No seu trabalho, a CEDERSP teve a oportunidade de contactar com diversas entidades e personalidades ligadas à justiça portuguesa, ao meio prisional e à reinserção social dos reclusos, bem como de visitar estabelecimentos prisionais e contactar com a sua população, conforme se refere no Relatório que acompanha esta proposta. O conteúdo da presente proposta de lei decorre necessariamente também dessa experiência, tendo-se procurado assim, desde o primeiro momento, obter uma visão do sistema prisional português o mais próxima possível da realidade quotidiana da vida em meio prisional. Neste sentido, foram igualmente analisados pela Comissão o "Relatório sobre o Sistema Prisional", apresentado pelo Provedor de Justiça, e o Relatório do Observatório Permanente da Justiça Portuguesa, subordinado ao tema "A reinserção social dos reclusos – um contributo para o debate sobre a reforma do sistema prisional", estudos publicados no ano de 2003, já durante o período de funcionamento da Comissão.

Nestes termos, e após amplo debate, a presente proposta de lei estabelece os objectivos e princípios gerais que devem pautar a reforma do sistema prisional, bem como o conteúdo principal da legislação relativa à execução das penas, ao funcionamento dos tribunais de execução das penas e à intervenção dos serviços prisionais e dos serviços de reinserção social. Desenvolvem-se também regras de organização, gestão e financiamento do próprio sistema prisional, que permitirão assegurar a concretização da reforma. Consagra-se o princípio da necessidade de ampla renovação do parque penitenciário português, bem como da instituição de adequados mecanismos de acompanhamento da reforma e de avaliação do sistema. A concluir, definem-se e calendarizam-se os passos concretos a empreender para dar corpo às principais alterações consideradas necessárias.

É de realçar também que, com esta lei, o que se apresenta é um verdadeiro programa a longo prazo (12 anos) de reforma do sistema prisional português, a iniciar-se, depois da aprovação deste diploma, no princípio do ano de 2005 e até ao final de 2016.

Deste modo, o sistema prisional, tal como considerado na presente proposta, é objecto normativo de um planeamento a longo prazo, apesar de suficientemente flexível para incorporar as modificações que eventualmente se forem afigurando como necessárias.

O enquadramento valorativo e os fins que o sistema prisional deve procurar prosseguir ao abrigo desta reforma encontram-se expressamente descritos no texto da proposta de lei – e transcrevem-se aqui:

a) A consecução, em Portugal, de um sistema prisional humano, justo e seguro, orientado para a reinserção social dos reclusos;

b) A colocação do sistema prisional português, no termo do processo de reforma, em harmonia com os padrões e médias dos países membros da União Europeia existentes em 31 de Dezembro de 2016;

c) A garantia dos direitos fundamentais dos reclusos;

d) A maior dignificação das condições de vida dos reclusos nos estabelecimentos prisionais;

e) A criação das oportunidades necessárias e adequadas para o desenvolvimento do processo individual de reinserção social de cada condenado;

f) A satisfação das necessidades quotidianas dos reclusos, designadamente em matéria de saúde, educação, trabalho, segurança social, cultura e desporto, bem como em matéria de assistência religiosa, conforme as opções individuais de cada um;

g) O reforço das medidas de combate à entrada e circulação de estupefacientes, substâncias psicotrópicas e outras de uso ilícito nos estabelecimentos prisionais e, bem assim, a adopção das medidas adequadas de tratamento e recuperação dos reclusos toxicodependentes ou portadores de doenças infecciosas virais graves;

h) A prestação do adequado apoio jurídico aos reclusos, em articulação com a Ordem dos Advogados;

i) A prestação de informação e de apoio social às famílias que deles careçam em virtude da situação de reclusão de algum dos seus membros;

j) A prestação de apoio aos ex-reclusos, nos primeiros tempos de liberdade, designadamente sob a forma de casas de saída, de acesso ao rendimento social de inserção e de ajuda à procura de trabalho;

l) A prestação de alguns dos tipos de apoio previstos na alínea anterior, quando for caso disso, aos reclusos em cumprimento de medidas de flexibilização da execução da pena;

m) O combate à sobrelotação dos estabelecimentos prisionais;

n) A renovação e modernização do parque penitenciário;

o) O controlo regular do funcionamento e qualidade do sistema prisional, por entidades interiores e exteriores ao sistema, bem como o acompanhamento da execução da presente reforma;

p) O apoio do Estado ao trabalho voluntário de ajuda aos reclusos e suas famílias, bem como o reconhecimento do mecenato para a reinserção social;

q) A abertura dos modos de funcionamento dos estabelecimentos prisionais à participação de entidades privadas, sem prejuízo da reserva ao Estado do exercício dos poderes de direcção, autoridade e fiscalização.

Assim, a sistematização da proposta de lei é a seguinte:

Capítulo I – Finalidade e âmbito da reforma
Capítulo II – Serviços prisionais
    Secção I – Princípios orientadores
    Secção II – Serviços centrais
    Secção III – Estabelecimentos prisionais
Capítulo III – Execução das penas e medidas privativas da liberdade
    Secção I – Disposições gerais
    Secção II – Tribunais de execução das penas
    Secção III – Instituto de Reinserção Social
    Secção IV – Cooperação entre o sistema prisional e outros serviços públicos, bem como com a sociedade em geral
Capítulo IV – Financiamento do sistema prisional
Capítulo V – Parque penitenciário
Capítulo VI – Acompanhamento da reforma e avaliação do sistema
Capítulo VII – Execução da reforma do sistema prisional

Quanto aos serviços prisionais, entende-se que não é possível pretender alterar as actuais condições dos estabelecimentos prisionais, ou acentuar efectivamente a componente de reinserção social do sistema, sem uma mudança mais profunda na própria estrutura dos serviços. Assim, esta lei funcionará como propulsora da alteração à própria orgânica e gestão dos serviços prisionais. A gestão dos serviços centrais e dos estabelecimentos prisionais é aperfeiçoada, incentivando a sua racionalidade e eficácia. Os dados fundamentais a que a reforma deve atender neste ponto são, por um lado, a eficiência da gestão e do funcionamento dos serviços, seja ao nível central, seja ao nível dos estabelecimentos prisionais, e, por outro, a efectiva participação dos serviços prisionais na ideia, mais vasta e legitimadora do sistema, de reinserção social da população reclusa.

No vasto domínio da execução das penas e outras medidas privativas da liberdade, acentuam-se dois aspectos: o reforço da intervenção dos tribunais de execução das penas e do Instituto de Reinserção Social e, bem assim, o estabelecimento de formas de cooperação efectiva entre o sistema prisional e a sociedade em geral.

Este último ponto deve ser realçado, já que decorre, de facto, de uma ideia do sistema prisional, não como um reduto esquecido e incómodo, oposto à sociedade, mas, pelo contrário, como parte da própria comunidade, devendo como tal ser considerado, quer pelos cidadãos em geral, quer pelos poderes públicos. Assim, incentiva-se a celebração de protocolos de cooperação entre o sistema prisional e outras entidades públicas, bem como com entidades da sociedade civil tendo em vista a melhoria das condições de vida dos reclusos no meio prisional e a potenciação da sua reintegração na vida em liberdade.

É criada também a figura do mecenato para a reinserção social, oportunidade que se pretende efectiva de chamar à colaboração com o sistema prisional entidades privadas habitualmente alheias a qualquer contacto com esta realidade; tal como é estimulado o já existente voluntariado no meio prisional, nomeadamente através da possibilidade de atribuição do estatuto de utilidade pública às instituições de direito privado e sem fim lucrativo que desenvolvam actividades de voluntariado junto do sistema prisional durante pelo menos cinco anos.

No tocante à instância judicial de execução das penas, atendendo à especificidade desta jurisdição, várias ideias novas são apresentadas: alargam-se significativamente as competências dos tribunais de execução das penas; expande-se a respectiva rede nacional; aumentam-se as competências do Ministério Público junto desses tribunais; institui-se a possibilidade de recurso ordinário das respectivas decisões em sede de modificação da execução da pena de prisão; cria-se, no domínio da execução das penas, a figura do recurso para uniformização de jurisprudência, de modo a assegurar uma efectiva igualdade na apreciação judicial das mesmas questões de direito; e, por último, determina-se a necessidade de formação especializada, quer para os magistrados, quer para os funcionários, colocados nos referidos tribunais.

O Instituto de Reinserção Social vê a sua capacidade de intervenção reforçada, por si e em cooperação com os serviços prisionais, quer em ambiente prisional, quer na execução de medidas de flexibilização e de modificação da pena de prisão, quer ainda na execução de penas e medidas não privativas da liberdade, bem como na articulação das diferentes formas de apoio às famílias dos reclusos e à saída destes para a vida em liberdade.

No domínio do financiamento e gestão do sistema prisional, é consagrado um princípio de financiamento e gestão públicos, com base na ideia de que é ao Estado que cabe, em primeira linha, assegurar o financiamento do sistema prisional. Simultaneamente, abre-se caminho para algumas formas limitadas de participação da iniciativa privada na esfera do sistema prisional, entendida essencialmente como o abrir do sistema à própria comunidade. Naturalmente, o domínio da execução da pena de prisão em sentido estrito, bem como todas as questões ligadas à direcção efectiva dos estabelecimentos, à segurança que ao sistema prisional compete garantir e à fiscalização das actividades privadas de parceria ou cooperação com o sistema prisional, são consideradas como áreas fora de qualquer possibilidade de intervenção privada: nesses domínios, reafirma-se o carácter exclusivamente público do sistema.

O financiamento da reforma do sistema prisional deve corresponder, em termos de planificação, às fases estabelecidas para a implementação da própria reforma, dividida em três planos quadrienais (2005-2008; 2009-2012; 2013-2016). Aos Ministérios das Finanças e da Justiça caberá apresentar oportunamente cada um destes planos de financiamento da reforma, que devem possibilitar as medidas propostas para cada uma das fases.

A presente reforma do sistema prisional não ficaria completa, nem faria grande sentido, se não comportasse como seu elemento essencial um amplo programa de renovação do parque penitenciário português.

Proposta de Lei-Quadro da CEDERSP

Matéria da competência própria do Governo, é no entanto estabelecido na lei que este não pode dispensar-se de sobre ela dispor, quer na modalidade da construção de novos estabelecimentos prisionais, quer na de realização de obras de grande reparação, modernização e melhoramento dos já existentes, quer ainda na extinção dos estabelecimentos entretanto substituídos ou que não revistam as condições mínimas necessárias para serem mantidos.

A presente lei-quadro ocupa-se, de seguida, da avaliação do sistema e do acompanhamento da reforma. Para o efeito, reconhece, em primeiro lugar, os controlos genéricos, quer nacionais, quer internacionais, que neste momento já funcionam; institui um controlo específico do funcionamento e qualidade do sistema, regulado por decreto-lei a publicar até 31 de Dezembro de 2005, onde se definirá uma adequada grelha dos padrões de qualidade a que deve obedecer o sistema prisional; e, em terceiro lugar, cria uma Comissão de Acompanhamento da Execução da Reforma, com a função de monitorizar e avaliar o grau de realização dos objectivos e concretização das medidas estabelecidos no presente diploma, bem como os resultados da aplicação dos instrumentos normativos nele previstos. A Comissão apresentará, de dois em dois anos, um relatório ao Governo, que, por sua vez, o enviará à Assembleia da República.

Por último, a presente lei indica os principais diplomas necessários ao início da reforma do sistema prisional, a propor ou aprovar durante o ano de 2004, no qual será também preparado o primeiro plano quadrienal (2005-2008).

Seguidamente, enunciam-se as 18 medidas concretas que hão-de ser tomadas pelo Governo entre o início de 2005 e o fim de 2008 (primeira fase de execução da reforma), destacando-se de entre elas algumas de cunho acentuadamente social, como por exemplo a adopção de medidas eficazes que visem a plena efectivação dos direitos dos reclusos em matéria de acesso ao Direito e aos tribunais, a adopção e avaliação de medidas de prevenção e tratamento da toxicodependência, bem como de doenças infecciosas virais graves, e a criação de condições efectivas para a generalização a todos os reclusos condenados do plano individual de readaptação social.

Na segunda e terceira fases de execução da reforma (respectivamente, de 2009 a 2012 e de 2013 a 2016), proceder-se-á à avaliação, e eventual revisão, dos diplomas legislativos e regulamentares entretanto publicados, bem como ao prosseguimento ou revisão dos programas, protocolos e medidas em curso.

Haverá um relatório global sobre a execução completa da reforma do sistema prisional português, que será elaborado pelo Ministro da Justiça e, mediante aprovação do Conselho de Ministros, enviado pelo Governo à Assembleia da República, até 31 de Março de 2017.

Deste modo, a reforma delineada na presente proposta de lei – que deverá ser lida em conjugação com as recomendações que concluem o relatório da Comissão de Estudo e Debate da Reforma do Sistema Prisional –, não pretende apenas ser um instrumento decisivo para retirar o nosso sistema prisional da situação de crise em que, em aspectos essenciais, de há muito se encontra. Procura também diferenciar-se de anteriores reformas promulgadas, muitas delas de elevado nível científico e legislativo.

Com efeito, esta reforma não se limita a tocar em aspectos sectoriais do sistema, antes pelo contrário, adopta, pela primeira vez, uma perspectiva global e integrada. Coloca-se, assim, o sistema prisional no seu lugar próprio da dinâmica da política criminal e, bem assim, na política social do Estado.

Esta perspectiva leva o legislador a contemplar em conjunto os aspectos essenciais que importa considerar para atingir uma reforma eficaz do sistema – nomeadamente no campo da acção interministerial que o relaciona, com vista ao reforço da política de reinserção social, com os sectores da saúde, da educação, da segurança social, do trabalho, da formação profissional, do emprego e do desporto –, o que faz da problemática prisional um tema que interessa ao Estado no seu conjunto e a toda a sociedade civil, porque não é apenas uma questão privativa de um ministério ou de uma direcção-geral, mas uma verdadeira questão de âmbito nacional.

Tudo isto é inserido numa perspectiva inovadora (no seio da Administração pública portuguesa) de planeamento a médio prazo e respectiva execução faseada, devidamente acompanhada e controlada.

Estas são as verdadeiras mudanças de fundo que a presente proposta de reforma consubstancia. Assim haja vontade política para aprová-las, bem como tenacidade e energia governativa para as levar à prática.

CAPÍTULO I
Finalidade e âmbito da reforma

Artigo 1.º
Conteúdo desta lei-quadro

A presente lei estabelece as bases de um sistema integrado, actualizado e estabilizado no longo prazo, de execução de penas e medidas privativas da liberdade, e fixa:

a) Os objectivos e princípios gerais da reforma do sistema prisional;

b) As linhas orientadoras da revisão dos diplomas reguladores da actuação:

   i) Dos serviços prisionais;

   ii) Dos tribunais de execução das penas, tendo em vista a sua actualização e o reforço da sua intervenção na execução da pena de prisão;

   iii) Do Instituto de Reinserção Social, tendo em vista o reforço da sua capacidade de intervenção, por si e em cooperação com os serviços prisionais, quer em ambiente prisional, quer na execução de medidas de flexibilização e de modificação da pena de prisão, quer ainda na execução de penas e medidas não privativas da liberdade, bem como na articulação das diferentes formas de apoio às famílias dos reclusos e à saída dos ex-reclusos para a vida em liberdade;

c) O conteúdo essencial dos instrumentos normativos necessários à execução da reforma;

d) O modo de aprovação do programa de renovação do parque penitenciário;

e) Os termos de financiamento da reforma;

f) O acompanhamento da reforma e a avaliação do sistema prisional;

g) Os termos e as condições da execução faseada da reforma.

Artigo 2.º
Objectivos da reforma

A reforma do sistema prisional prossegue os seguintes objectivos principais:

a) A consecução, em Portugal, de um sistema prisional humano, justo e seguro, orientado para a reinserção social dos reclusos;

b) A colocação do sistema prisional português, no termo do processo de reforma, em harmonia com os padrões e médias dos países membros da União Europeia existentes em 31 de Dezembro de 2016;

c) A garantia dos direitos fundamentais dos reclusos;

d) A maior dignificação das condições de vida dos reclusos nos estabelecimentos prisionais;

e) A criação das oportunidades necessárias e adequadas para o desenvolvimento do processo individual de reinserção social de cada condenado;

f) A satisfação das necessidades quotidianas dos reclusos, designadamente em matéria de saúde, educação, trabalho, segurança social, cultura e desporto, bem como em matéria de assistência religiosa, conforme as opções individuais de cada um;

g) O reforço das medidas de combate à entrada e circulação de estupefacientes, substâncias psicotrópicas e outras de uso ilícito nos estabelecimentos prisionais e, bem assim, a adopção das medidas adequadas de tratamento e recuperação dos reclusos toxicodependentes ou portadores de doenças infecciosas virais graves;

h) A prestação do adequado apoio jurídico aos reclusos, em articulação com a Ordem dos Advogados;

i) A prestação de informação e de apoio social às famílias que deles careçam em virtude da situação de reclusão de algum dos seus membros;

j) A prestação de apoio aos ex-reclusos, nos primeiros tempos de liberdade, designadamente sob a forma de casas de saída, de acesso ao rendimento social de inserção e de ajuda à procura de trabalho;

l) A prestação de alguns dos tipos de apoio previstos na alínea anterior, quando for caso disso, aos reclusos em cumprimento de medidas de flexibilização da execução da pena;

m) O combate à sobrelotação dos estabelecimentos prisionais;

n) A renovação e modernização do parque penitenciário;

o) O controlo regular do funcionamento e qualidade do sistema prisional, por entidades interiores e exteriores ao sistema, bem como o acompanhamento da execução da presente reforma;

p) O apoio do Estado ao trabalho voluntário de ajuda aos reclusos e suas famílias, bem como o reconhecimento do mecenato para a reinserção social;

q) A abertura dos modos de funcionamento dos estabelecimentos prisionais à participação de entidades privadas, sem prejuízo da reserva ao Estado do exercício dos poderes de direcção, autoridade e fiscalização.

CAPÍTULO II
Serviços prisionais

SECÇÃO I
Princípios orientadores

Artigo 3.º
Âmbito e objectivos

1 – Os serviços prisionais visam garantir a execução das penas e medidas privativas da liberdade, contribuindo para a defesa da ordem e paz social, através da manutenção da segurança da comunidade e da criação de condições que permitam aos reclusos conduzir a sua vida de forma socialmente responsável sem praticar crimes.

2 – Os objectivos fixados no número anterior são indissociáveis da realidade social e têm subjacente a importância da responsabilidade individual.

3 – Para a prossecução dos objectivos fixados, é reconhecido o carácter essencial das relações interpessoais no meio prisional e da formação e qualidade de desempenho dos intervenientes e, em especial, do pessoal penitenciário.

4 – No âmbito da respectiva competência, os serviços prisionais integram o sistema de administração da justiça e, nos termos estabelecidos por lei, o sistema de segurança interna.

Artigo 4.º
Princípios gerais

1 – Os objectivos dos serviços prisionais são prosseguidos na observância da legalidade democrática e atendendo aos seguintes princípios gerais:

a) O respeito activo pelos direitos fundamentais do recluso, definidos pela Constituição ou pela lei;

b) A individualização e planificação da execução da pena, tendo em vista, em especial, a reinserção social do recluso;

c) A criação de regimes próprios para grupos de reclusos que necessitem de intervenção diferenciada;

d) A adequação do pessoal, das instalações e dos restantes meios materiais às diversas situações e regimes de execução das penas e medidas privativas da liberdade;

e) A consideração dos efeitos da interacção entre a comunidade e o sistema prisional, de modo a potenciar os factores que influenciem positivamente o processo de reinserção social dos reclusos;

f) A cooperação entre os órgãos, serviços e entidades que intervêm, directa ou indirectamente, no processo de reinserção social;

g) A existência de regras comuns a todos os estabelecimentos prisionais, que permitam a uniformização do tratamento dos reclusos e da acção dos funcionários em todo o sistema, sem prejuízo dos regulamentos especiais que forem indispensáveis.

2 – A execução das penas e medidas privativas de liberdade é controlada, nos termos da lei, pelos tribunais.

Artigo 5.º
Natureza, organização e gestão dos serviços prisionais

1- Os serviços prisionais constituem um corpo especial da Administração Pública, em virtude da especificidade da missão de que estão incumbidos e da singularidade dos meios operativos, humanos e materiais ao seu serviço.

2 – A estrutura, gestão e funcionamento dos serviços prisionais, bem como o estatuto do respectivo pessoal, são objecto da lei orgânica da Direcção-Geral dos Serviços Prisionais e devem atender, designadamente, ao disposto nos artigos seguintes.

Artigo 6.º
Estrutura dos serviços prisionais

A Direcção-Geral dos Serviços Prisionais compreende os serviços centrais e os estabelecimentos prisionais.

SECÇÃO II
Serviços centrais

Artigo 7.º
Organização

Os serviços centrais devem ser organizados de modo a garantir:

a) A orientação e coordenação geral do tratamento penitenciário, com intervenção dinâmica na orientação e controlo desse mesmo tratamento;

b) A articulação dos serviços prisionais com o Instituto de Reinserção Social e os tribunais, na parte em que ela se revele necessária em função das competências daquele e destes;

c) A existência de um sistema de segurança, abrangendo, designadamente, a recolha e tratamento de informação de segurança e a organização e gestão do sistema de transporte de reclusos, relevante para a ordem e paz social;

d) A articulação com a ambiência externa, nacional e internacional, das funções de planeamento estratégico, de estudo e quaisquer outras essenciais ao funcionamento dos serviços;

e) Um sistema de adequada gestão da população prisional, segundo os critérios legais, abrangendo, designadamente, a recolha e tratamento da informação, a adopção de procedimentos inerentes à afectação de reclusos a estabelecimentos prisionais, a existência de um processo único por recluso e a orientação geral do uso do plano individual de readaptação social;

f) A gestão centralizada dos recursos humanos, materiais e financeiros;

g) A concepção e funcionamento dos necessários sistemas de informação e comunicação;

h) A resposta às necessidades decorrentes de acordos de execução mista no funcionamento dos estabelecimentos prisionais.

Artigo 8.º
Unidades orgânicas específicas

1 – Podem ser criadas unidades orgânicas específicas por área de intervenção e, quando necessário, de âmbito desconcentrado.

2 – O disposto no número anterior aplica-se a toda a actividade dos serviços centrais, em especial nos sectores da gestão administrativa, económica e orçamental do sistema.

SECÇÃO III
Estabelecimentos prisionais

Artigo 9.º
Missão dos estabelecimentos prisionais

Cabe aos estabelecimentos prisionais:

a) A responsabilidade pela execução das penas e medidas privativas da liberdade, no respeito pelos princípios e normas decorrentes da Constituição e da lei;

b) O desenvolvimento de programas e projectos adequados à satisfação de necessidades específicas dos reclusos;

c) A articulação, ao nível local, com os tribunais, o Instituto de Reinserção Social e outras entidades, públicas e privadas, exteriores aos serviços prisionais;

d) A gestão corrente dos meios humanos e materiais afectos a cada estabelecimento, bem como das áreas de segurança e de transporte de reclusos, de forma integrada na gestão global do sistema;

e) A responsabilidade pelo funcionamento dos serviços e actividades próprios da vida diária em meio prisional, quer por gestão directa, quer por acordos de execução mista.

Artigo 10.º
Princípios comuns aos estabelecimentos prisionais

1 – Os estabelecimentos prisionais, independentemente da respectiva classificação, devem reger-se pelos seguintes princípios:

a) Primado da existência organizada e articulada de tratamento penitenciário, consubstanciado, designadamente, no plano individual

Proposta de Lei-Quadro da CEDERSP 123

de readaptação social, tendo por base modelos de intervenção flexíveis e progressivos, que potenciem a gradual aproximação do recluso às condições de vida em liberdade;

b) Segurança de reclusos, funcionários e outros intervenientes, bem como das instalações e dos equipamentos;

c) Organização da população prisional em unidades e grupos diferenciados, de modo a estruturar uma vida interna de plena ocupação;

d) Promoção de formas de vida diária dos reclusos pautadas por critérios normativos quanto a regras de higiene e saúde, cumprimento de horários, princípios de socialização, motivação para o trabalho e aquisição de saberes e competências, visando a sua auto-responsabilização;

e) Existência de programas adequados a problemáticas específicas do comportamento delinquente;

f) Reforço das medidas e sistemas eficazes de controlo e eliminação da entrada e circulação, nos estabelecimentos prisionais, de estupefacientes, substâncias psicotrópicas e outras de uso ilícito;

g) Incentivo à consciencialização dos direitos e deveres de cidadania dos reclusos, bem como de uma sua atitude construtiva nas relações familiares, no relacionamento com os filhos, nos cuidados com a alimentação, na higiene pessoal e na gestão do dinheiro e orçamento próprios;

h) Articulação com todos os serviços públicos que possam ou devam colaborar na reinserção social dos reclusos, bem como com instituições e grupos de particulares com idênticos objectivos;

i) Diferenciação entre, por um lado, o empenhamento exclusivo das equipas dirigentes dos estabelecimentos prisionais nas questões do tratamento penitenciário e da segurança e, por outro lado, a atribuição da respectiva gestão administrativa e financeira a pessoal especializado, sob a directa coordenação dos serviços centrais.

2 – Os princípios enunciados no número anterior devem conjugar--se, relativamente aos presos preventivos e aos inimputáveis, com o respectivo estatuto jurídico.

124 *Relatório da Comissão de Estudo e Debate da Reforma do Sistema Prisional*

Artigo 11.º
Classificação dos estabelecimentos

1 – Os estabelecimentos prisionais são classificados tendo em conta o nível de segurança e o grau de complexidade de gestão, em função da composição e características da respectiva população prisional.

2 – A classificação dos estabelecimentos prisionais é atribuída por portaria do Ministro da Justiça.

Artigo 12.º
Critérios de organização dos estabelecimentos e de afectação de reclusos

1 – A organização de cada estabelecimento prisional compreende uma ou mais valências, a que dá resposta por meio de módulos ou sectores independentes.

2 – A afectação de reclusos aos estabelecimentos prisionais e suas valências é feita tendo em conta os seguintes factores:
 a) Sexo;
 b) Segurança;
 c) Separação entre reclusos preventivos e condenados;
 d) Saúde física e mental;
 e) Diferenciação de regimes de tratamento penitenciário;
 f) Idade;
 g) Relações familiares;
 h) Duração das penas.

3 – São ainda critérios a ter em conta a consideração do meio em que ingressará o recluso, após a libertação, bem como a resposta adequada às suas necessidades imediatas nessa fase.

Artigo 13.º
Localização dos estabelecimentos prisionais

A localização dos estabelecimentos prisionais deve ter em conta os seguintes critérios:
 a) Garantia de satisfação das necessidades decorrentes da prisão preventiva, facilitando o acesso aos tribunais da respectiva área, em tempo razoável, a partir do estabelecimento prisional;

Proposta de Lei-Quadro da CEDERSP 125

b) Proximidade de eixos viários que facilitem as comunicações entre estabelecimentos prisionais;
c) Possibilidade de os reclusos receberem visitas, em especial das suas famílias;
d) Facilidade de acesso a hospitais e outros equipamentos colectivos;
e) Proximidade dos serviços públicos e outras instituições que possam ou devam cooperar com o sistema prisional;
f) Acesso a centros urbanos que permitam o alojamento do pessoal penitenciário.

CAPÍTULO III
Execução das penas e medidas privativas da liberdade

SECÇÃO I
Disposições gerais

Artigo 14.º
Regime de execução das penas e medidas privativas da liberdade

1 – A execução das penas e medidas privativas da liberdade é regulada pela lei processual penal, pela lei de execução das penas e medidas privativas da liberdade e pela demais legislação aplicável.

2 – Para além do disposto no número anterior, haverá um regulamento geral dos estabelecimentos prisionais e, quando tal se justificar, regulamentos específicos a ele subordinados.

3 – Os regulamentos referidos no número anterior são aprovados, respectivamente, por decreto regulamentar e por portaria do Ministro da Justiça.

Artigo 15.º
**Princípios orientadores da lei de execução das penas
e medidas privativas da liberdade**

A lei de execução das penas e medidas privativas da liberdade deve conter, para além das normas adequadas à organização e disciplina da vida em meio prisional, bem como à garantia dos direitos dos reclusos, e de outras disposições pertinentes, preceitos que prevejam medidas e incentivos capazes de reforçar a adesão dos reclusos às finalidades das penas e o empenhamento dos mesmos na sua boa execução.

Artigo 16.º
Princípio geral de funcionamento

1 – Todos os órgãos, serviços e entidades que têm a seu cargo a execução das penas e medidas privativas da liberdade, bem como os que com eles colaboram, devem agir de forma conjunta, articulada e no respeito pelos princípios e objectivos enunciados na presente lei e demais legislação aplicável.

2 – O disposto no número anterior vale igualmente para a execução da prisão preventiva, em tudo o que for compatível com o respectivo regime legal.

Artigo 17.º
Toxicodependência e doenças infecciosas virais graves

1 – A prevenção e o tratamento da toxicodependência, bem como de doenças infecciosas virais graves, deve constituir uma prioridade da acção do Governo, ao qual compete adoptar todas as medidas e práticas que, no plano científico e técnico, sejam consideradas como mais adequadas, no contexto das políticas gerais definidas para as problemáticas referidas e tendo em conta a especificidade do meio prisional.

2 – De harmonia com o disposto no número anterior, deve o sistema prisional proporcionar aos reclusos toxicodependentes ou portadores de doenças infecciosas virais graves uma oportunidade especial de recuperação da sua saúde e de adopção de estilos de vida saudáveis.

Artigo 18.º
Programas de formação e ocupação facultados aos reclusos

1- Em cada estabelecimento prisional, os reclusos devem, designadamente no âmbito dos respectivos programas individuais de readaptação social, ter acesso a programas de formação escolar e profissional, de terapia ocupacional, de ocupação laboral e outros que se revelem adequados.

2 – Além dos programas facultados nos termos do número anterior, os reclusos devem ainda ter acesso à frequência, entre outros, de programas de educação cívica e formação cultural, educação para a saúde, educação física e desporto, educação ambiental e educação rodoviária.

3 – O grau de adesão aos programas referidos nos números anteriores é tido em conta na avaliação prévia à concessão das medidas de flexibilização da execução da pena.

SECÇÃO II
Tribunais de execução das penas

Artigo 19.º
Princípio geral

1 – A repartição de competências entre a administração penitenciária e os tribunais de execução das penas deve observar os princípios constitucionais da separação e interdependência dos poderes.

2 – Os tribunais de execução das penas são tribunais judiciais de competência especializada, cuja organização e funcionamento são regulados por lei especial.

Artigo 20.º
Número e composição dos tribunais de execução das penas

1 – A lei define o número e a localização dos tribunais de execução das penas, bem como a sua composição e competência territorial.

2 – A lei deve alargar a rede dos tribunais de execução das penas, de modo a corresponder às necessidades decorrentes das suas competências, quer sob a forma de criação de novos tribunais, quer sob a forma de criação de secções especializadas nas sedes dos círculos judiciais onde existam estabelecimentos prisionais.

3 – De acordo com o disposto no número anterior, deverão prioritariamente ser criadas secções ou tribunais de execução das penas nas Regiões Autónomas dos Açores e da Madeira.

Artigo 21.º
Competência dos tribunais de execução das penas

A lei dos tribunais de execução das penas define a respectiva competência, que incluirá nomeadamente:

a) A garantia dos direitos dos reclusos, designadamente o direito de ser sempre ouvido pelo juiz, bem como o direito de recurso das decisões da administração penitenciária, nos termos previstos na lei, em especial quanto às medidas disciplinares e de flexibilização da execução da pena de prisão;

b) A homologação do plano individual de readaptação social de cada recluso;

c) A concessão e revogação da primeira saída precária não custodiada e das saídas precárias prolongadas, da liberdade condicional, da liberdade para prova e de outras modificações da execução da pena de prisão previstas na lei;

d) A intervenção na concessão e na revogação do Regime Aberto Voltado para o Exterior (RAVE);

e) O conhecimento dos recursos que para eles sejam interpostos, nos casos previstos na lei.

Artigo 22.º
Intervenção do Ministério Público

1 – A lei define as competências do Ministério Público junto dos tribunais de execução das penas, nomeadamente nos casos seguintes:

a) Impugnação das decisões da administração penitenciária que sejam passíveis de recurso;

b) Recurso das decisões do tribunal de execução das penas para a respectiva segunda instância, nos termos da lei;

c) Direito de requerer à segunda instância dos tribunais de execução das penas a uniformização da jurisprudência, nos casos admitidos por lei;

d) Participação nos Conselhos Técnicos que sejam presididos pelo juiz de execução das penas.

2 – O magistrado do Ministério Público junto de cada tribunal de execução das penas pode, no tocante aos estabelecimentos prisionais compreendidos na área de jurisdição daquele, ouvir qualquer recluso e promover as diligências previstas na lei, no âmbito da sua competência.

Proposta de Lei-Quadro da CEDERSP

Artigo 23.º
Recurso jurisdicional

1 – A lei dos tribunais de execução das penas deverá prever que as decisões de 1.ª instância tomadas por esses tribunais, em matéria de modificação da execução da pena de prisão, nomeadamente a concessão, recusa ou revogação da liberdade condicional, sejam, nos termos a definir, susceptíveis de recurso ordinário.

2 – A mesma lei definirá qual a instância de recurso, bem como os sujeitos processuais com legitimidade para recorrer.

Artigo 24.º
Uniformização da jurisprudência

A lei dos tribunais de execução das penas determinará os termos em que a instância judicial que for competente para conhecer dos recursos referidos no artigo anterior é também competente, nos termos por ela estabelecidos, para uniformizar a jurisprudência dos tribunais de execução das penas, nos casos em que essa uniformização se justifique, e a pedido de qualquer recluso, do Ministério Público, bem como dos serviços prisionais ou de reinserção social.

Artigo 25.º
Formação de magistrados e funcionários

1- A lei dos tribunais de execução das penas deverá, além dos restantes requisitos que exigir, prever uma formação especializada para os magistrados a colocar nos tribunais referidos.

2 – Idêntica solução, com as necessárias adaptações, deverá ser adoptada para os funcionários judiciais a afectar aos mesmos tribunais.

SECÇÃO III
Instituto de Reinserção Social

Artigo 26.º
Natureza e funções

1 – O Instituto de Reinserção Social tem por missão a prevenção criminal e a reinserção social de delinquentes jovens e adultos, devendo, para além das suas outras atribuições legais, desenvolver acções que estimulem a aplicação e a execução de penas e medidas não privativas da liberdade, sem prejuízo da cooperação permanente com a Direcção-Geral dos Serviços Prisionais, nos termos da lei e do disposto nos artigos seguintes.

2 – Tendo em conta a natureza específica da sua missão e as exigências operacionais do respectivo cumprimento, o Instituto de Reinserção Social é um instituto público dotado de estatuto especial, sendo a sua estrutura, gestão e funcionamento objecto de lei orgânica.

3 – O Instituto de Reinserção Social deve dispor de uma rede integral de equipas especializadas, dotada dos necessários recursos, nos termos de um plano de acção a aprovar pelos Ministros das Finanças e da Justiça, com vista à sua adequada intervenção no âmbito do sistema prisional, bem como na execução das penas e medidas não privativas da liberdade e, ainda, nas restantes tarefas legalmente a seu cargo.

Artigo 27.º
Intervenção no sistema prisional

1 – A intervenção do Instituto de Reinserção Social é orientada para a promoção da reinserção social dos reclusos, contribuindo para a prevenção da reincidência e para a protecção da sociedade.

2 – No âmbito do sistema prisional, cabe ao Instituto de Reinserção Social prestar apoio técnico às decisões dos tribunais de execução das penas e da administração penitenciária, e colaborar com esta, nos termos da lei e dos protocolos celebrados, competindo-lhe intervir, em articulação com os demais serviços competentes, na avaliação, preparação e acompanhamento das condições de reinserção social dos condenados e inimputáveis internados, salvaguardando também os interesses das vítimas e da comunidade.

Proposta de Lei-Quadro da CEDERSP 131

3 – A intervenção do Instituto de Reinserção Social junto de arguidos em prisão preventiva deve observar os princípios da presunção de inocência e da intervenção mínima, limitando-se às acções que se revelem necessárias a prevenir ou a atenuar desequilíbrios sócio-familiares decorrentes da medida excepcional a que estão sujeitos.

4 – Cabe também ao Instituto de Reinserção Social, por si e em cooperação com entidades públicas e privadas, tomar as medidas e coordenar as acções tendentes à realização dos demais objectivos definidos na presente lei que se enquadrem nas suas atribuições.

Artigo 28.º
**Relação entre o Instituto de Reinserção Social
e a Direcção-Geral dos Serviços Prisionais**

1- A relação entre o Instituto de Reinserção Social e a Direcção--Geral dos Serviços Prisionais é regulada, para além do disposto na lei, por um acordo de cooperação, homologado pelo Ministro da Justiça e publicado no Diário da República, o qual terá por base a adopção de uma filosofia e de um modelo técnico de intervenção comuns, sem prejuízo do carácter distinto, mas complementar, da acção desenvolvida por cada um desses serviços.

2 – No acordo de cooperação referido no número anterior, devem ser indicados os critérios de intervenção prioritária.

3 – O Instituto de Reinserção Social e a Direcção-Geral dos Serviços Prisionais desenvolvem, conjuntamente, acções de formação e divulgação de boas práticas junto dos respectivos profissionais, programas de avaliação de resultados e projectos de intervenção orientados em função de necessidades específicas de reinserção social.

SECÇÃO IV
Cooperação entre o sistema prisional e outros serviços públicos, bem como com a sociedade em geral

Artigo 29.º
Cooperação dos serviços públicos competentes com o sistema prisional

Todos os serviços públicos competentes devem, no âmbito das respectivas atribuições, cooperar com o sistema prisional na prossecução dos objectivos deste, em articulação com a Direcção-Geral dos Serviços Prisionais e com o Instituto de Reinserção Social, em especial nos domínios da saúde, da segurança social, da educação e do emprego e formação profissional dos reclusos.

Artigo 30.º
Reconhecimento da participação cívica

O Estado reconhece e incentiva a acção dos cidadãos e das entidades públicas e privadas na humanização das prisões e no apoio adequado aos reclusos e às suas famílias.

Artigo 31.º
Protocolos de cooperação e contratos de prestação de serviços

1 – Os serviços prisionais e de reinserção social podem celebrar protocolos de cooperação, homologados pelo Ministro da Justiça e publicados no Diário da República, com as Misericórdias, com outras instituições particulares de solidariedade social e com quaisquer associações ou fundações de utilidade pública, com vista ao desempenho de tarefas específicas no âmbito de um ou mais estabelecimentos prisionais ou de cooperação com estes.

2 – Os contratos de prestação de serviços celebrados com a mesma finalidade com empresas, públicas ou privadas, a título gratuito ou a preço inferior ao fixado na adjudicação, são considerados, na parte correspondente ao desconto, como actividades de mecenato para a reinserção social.

Artigo 32.º
Associações de voluntariado no sistema prisional

1 – As instituições de direito privado e sem fim lucrativo que desenvolvam actividades de voluntariado junto do sistema prisional, durante pelo menos cinco anos, e cuja actividade seja considerada meritória por despacho do Ministro da Justiça, sob parecer da Direcção-Geral dos Serviços Prisionais e do Instituto de Reinserção Social, podem receber o estatuto de entidade de utilidade pública, nos termos da lei geral.

2 – O Ministro da Justiça aprovará, sob proposta conjunta da Direcção-Geral dos Serviços Prisionais e do Instituto de Reinserção Social, um Programa-Quadro e, em cada quadriénio, de acordo com a calendarização prevista no artigo 42.º, a respectiva dotação orçamental, visando o apoio às instituições de voluntariado que se proponham realizar actividades relevantes no âmbito da reinserção social de reclusos e de ex-reclusos.

3 – Os donativos feitos por indivíduos ou pessoas colectivas às instituições referidas no n.º 1 deste artigo são abrangidos pelo mecenato para a reinserção social.

CAPÍTULO IV
Financiamento do sistema prisional

Artigo 33.º
Princípio do financiamento público

1 – O financiamento da construção, manutenção e conservação do equipamento e do funcionamento do sistema prisional compete, em primeira linha, ao Estado.

2 – Sem prejuízo do disposto no número anterior, pode o Estado recorrer a parcerias público-privadas nos termos definidos na respectiva legislação, bem como aceitar, a título de mecenato para a reinserção social, donativos ou prestações com desconto nos termos do n.º 2 do artigo 31.º.

Artigo 34.º
Competências exclusivas do Estado

1 – No âmbito do sistema prisional, não poderão ser entregues ao sector privado, por serem da competência exclusiva do Estado:
  a) A direcção dos estabelecimentos prisionais;
  b) A execução das penas e medidas privativas da liberdade, incluindo a elaboração, aplicação e coordenação dos planos individuais de readaptação social;
  c) O exercício das funções de segurança que àquele sistema compete garantir;
  d) A articulação directa com os tribunais, bem como com outras entidades e serviços públicos que devam colaborar na execução das penas e medidas privativas da liberdade;
  e) A fiscalização das actividades privadas desempenhadas nos termos de acordos de execução mista ou de parcerias público-privadas.

2 – Consideram-se acordos de execução mista todos aqueles que confiem a entidades privadas, sob a fiscalização do Estado, o exercício corrente de actividades dos estabelecimentos prisionais que, não sendo reservadas ao Estado nos termos do número anterior, sejam por ele desempenhadas em cooperação com aquelas entidades.

3 – Os acordos de execução mista referidos no número anterior são celebrados com a Direcção-Geral dos Serviços Prisionais, aprovados pelo Ministro da Justiça e publicados no Diário da República.

Artigo 35.º
Planeamento quadrienal

1 – O Ministério da Justiça elaborará três planos quadrienais (2005-2008, 2009-2012 e 2013-2016), relativos ao financiamento público da execução da reforma do sistema prisional programada na presente lei.

2 – Cada plano quadrienal é aprovado por resolução do Conselho de Ministros, sob proposta dos Ministros das Finanças e da Justiça, até 30 de Setembro do ano anterior ao início do respectivo quadriénio, e terá a devida tradução anual nas sucessivas leis do Orçamento do Estado.

3 – Cada plano quadrienal é enviado, até 15 de Outubro do ano em que for aprovado, à Assembleia da República.

Artigo 36.º
Mecenato para a reinserção social

O Governo definirá, por decreto-lei, a extensão dos regimes legais de mecenato, designadamente social, cultural e desportivo, às actividades privadas que contribuam para a reinserção social, incluindo nesta forma de mecenato a recuperação e valorização do património afecto ao sistema prisional.

Artigo 37.º
Aproveitamento de recursos próprios

1 – De acordo com a legislação em vigor relativa ao Instituto de Gestão Financeira e Patrimonial da Justiça, bem como ao Fundo de Garantia Financeira da Justiça, os bens imobiliários do património do Estado, afectos, no Ministério da Justiça, à Direcção-Geral dos Serviços Prisionais ou ao Instituto de Reinserção Social, poderão ser alienados, nos termos aí previstos, desde que sejam declarados, por despacho do Ministro da Justiça, publicado no Diário da República, dispensáveis da sua função actual.

2 – A receita líquida proveniente de tais alienações é exclusivamente destinada ao investimento na construção, recuperação e modernização das instalações, respectivamente, dos serviços prisionais ou dos serviços de reinserção social.

CAPÍTULO V
Parque penitenciário

Artigo 38.º
Programa de renovação do parque penitenciário

1 – Durante o período de execução da reforma estabelecida na presente lei-quadro, o Governo aprova e executa um programa faseado de renovação do parque penitenciário, tendo em conta, nomeadamente, os critérios definidos nos artigos 12.º e 13.º deste diploma, bem como a situação actual do referido parque, a evolução da população prisional no

período de execução da reforma e a necessidade de racionalização dos meios disponíveis.

2 – O programa referido no número anterior inclui, por prioridades, o elenco dos estabelecimentos a construir de novo ou em substituição dos existentes, dos que serão objecto de obras de grande reparação, modernização ou melhoramento, e dos que serão oportunamente extintos ou, quando tal se justifique, mantidos para intervenções especializadas.

CAPÍTULO VI
Avaliação do sistema e acompanhamento da reforma

Artigo 39.º
Controlos genéricos

1 – O controlo regular do funcionamento e qualidade do sistema prisional compete, em primeira linha, à Direcção-Geral dos Serviços Prisionais e, no tocante às suas atribuições relacionadas com o referido sistema, ao Instituto de Reinserção Social.

2 – Exercem também, dentro das suas atribuições próprias, controlos genéricos do sistema os órgãos e organismos que, por lei ou convenção internacional, tenham essa competência.

Artigo 40.º
Controlo específico do funcionamento e qualidade

1 – O Governo mandará estudar e elaborar, pelos meios mais apropriados, uma adequada grelha dos padrões de qualidade a que deve obedecer o sistema prisional, a qual será aprovada, mediante decreto-lei, até 31 de Dezembro de 2005.

2 – O controlo específico do funcionamento e qualidade do sistema prisional será exercido, segundo os padrões referidos no número anterior, pela entidade ou entidades indicadas no diploma aí mencionado.

Artigo 41.º
Comissão de acompanhamento da execução da Reforma

1 – O Ministro da Justiça, mediante portaria, nomeará uma comissão de acompanhamento da execução da reforma do sistema prisional, com a função de monitorizar e avaliar o grau de realização dos objectivos e concretização das medidas estabelecidos no presente diploma, bem como os resultados da aplicação dos instrumentos normativos nele previstos.

2 – A referida comissão será composta por representantes da Direcção-Geral dos Serviços Prisionais, do Instituto de Reinserção Social, do Gabinete de Política Legislativa e Planeamento, do Observatório Permanente da Justiça Portuguesa, bem como por três especialistas de reconhecido mérito, um dos quais presidirá.

3 – A comissão apresenta, de dois em dois anos, um relatório ao Governo, que o envia à Assembleia da República.

CAPÍTULO VII
Execução da reforma do sistema prisional

Artigo 42.º
Calendarização geral

1 – A execução da reforma do sistema prisional programada na presente lei será desenvolvida ao longo de doze anos, de 1 de Janeiro de 2005 a 31 de Dezembro de 2016.

2 – A referida execução é repartida por três fases, a saber:

a) Primeira fase – de 2005 a 2008;

b) Segunda fase – de 2009 a 2012;

c) Terceira fase – de 2013 a 2016.

Artigo 43.º
Preparação do início da reforma (ano de 2004)

1 – Durante o ano de 2004 é preparado o primeiro plano quadrienal (2005-2008).

138 *Relatório da Comissão de Estudo e Debate da Reforma do Sistema Prisional*

2 – Até ao final do mesmo ano, serão propostos ou aprovados os diplomas necessários ao início da reforma do sistema prisional, designadamente os seguintes:

a) Lei de execução das penas e medidas privativas da liberdade;

b) Lei dos tribunais de execução das penas;

c) Lei orgânica da Direcção-Geral dos Serviços Prisionais;

d) Lei orgânica do Instituto de Reinserção Social;

e) Regulamento geral dos estabelecimentos prisionais;

f) Novo regime jurídico da vigilância electrónica;

g) Extensão ao mecenato para a reinserção social dos regimes jurídicos de mecenato constantes da legislação em vigor.

3 – Serão igualmente revistos ou substituídos os diplomas legais em que se reflictam as alterações constantes dos diplomas referidos no número anterior.

4 – Ainda no decurso de 2004, é aprovado o plano de acção relativo ao reforço dos recursos necessários à intervenção do Instituto de Reinserção Social e celebrado o acordo de cooperação que regula a relação entre a Direcção-Geral dos Serviços Prisionais e o Instituto de Reinserção Social, previstos na presente lei.

5 – Em 2004 é também iniciada a execução do programa de renovação do parque penitenciário.

Artigo 44.º
Primeira fase – de 2005 a 2008

Nesta fase, são tomadas pelo Governo as seguintes medidas:

a) Adopção dos meios eficazes que possibilitem a plena efectivação dos direitos dos reclusos em matéria de acesso ao direito e aos tribunais, incluindo o direito à informação e consulta jurídicas e ao patrocínio judiciário;

b) Adopção e avaliação de medidas de prevenção e tratamento da toxicodependência, bem como de doenças infecciosas virais graves, em concretização do disposto no artigo 17.º da presente lei;

c) Concessão de prioridade à erradicação urgente do sistema de alojamento em camaratas e do chamado balde higiénico;

d) Adopção de um programa de divulgação das formas de execução de medidas não privativas da liberdade e de programas específicos para certos tipos de delinquentes e, bem assim, dos meios efectivamente disponíveis para esse efeito no âmbito de actuação do Instituto de Reinserção Social;

e) Início ou desenvolvimento, nos estabelecimentos prisionais, dos programas de formação e ocupação de reclusos referidos no artigo 18.º;

f) Início da segunda fase de execução do programa de vigilância electrónica;

g) Aprovação e início da execução do programa de casas de saída;

h) Nomeação da Comissão de Acompanhamento da Execução da Reforma;

i) Preenchimento dos quadros de pessoal da Direcção-Geral dos Serviços Prisionais e do Instituto de Reinserção Social, bem como resolução de problemas próprios dos respectivos grupos profissionais;

j) Atribuição à Direcção-Geral dos Serviços Prisionais dos meios necessários à gestão flexível de programas e projectos específicos, designadamente nos estabelecimentos prisionais;

l) Desenvolvimento de um sistema integrado e eficaz de informação e comunicação que permita a ligação em rede de todos os serviços e estabelecimentos que constituem o sistema prisional, bem como a destes com os tribunais;

m)Elaboração e homologação dos eventuais regulamentos específicos de estabelecimentos prisionais, nos termos da presente lei;

n) Celebração de protocolos de cooperação com as entidades públicas que, nos termos da lei, hajam de colaborar com o sistema prisional, designadamente nas áreas da educação, da saúde, da segurança social, do emprego e da formação profissional;

o) Celebração de protocolos de cooperação com entidades privadas e cooperativas, designadamente Misericórdias, demais instituições particulares de solidariedade social e, ainda, outras instituições que hajam de colaborar com o sistema prisional;

p) Celebração de protocolos entre o Ministério da Justiça e instituições do ensino superior e de investigação científica, designadamente para o ensino e a investigação nas áreas da criminologia, do direito e da justiça penais, da execução das medidas penais, da reinserção social, da saúde no meio prisional e da administração penitenciária;

q) Criação de um "Centro de Formação e Estudos Penitenciários",

140 *Relatório da Comissão de Estudo e Debate da Reforma do Sistema Prisional*

comum à Direcção-Geral dos Serviços Prisionais e ao Instituto de Reinserção Social;
r) Apetrechamento e dinamização das bibliotecas dos estabelecimentos prisionais;
s) Adopção de medidas de incentivo ao mecenato para a reinserção social, ao voluntariado e a instituições de direito privado e sem fim lucrativo que desenvolvam actividades no âmbito do sistema prisional.

Artigo 45.º
Segunda fase – de 2009 a 2012

Na segunda fase de execução da reforma, serão tomadas as seguintes medidas:
a) Avaliação e eventual revisão dos diplomas legislativos e regulamentares aprovados;
b) Prosseguimento ou revisão dos programas, protocolos e medidas em curso.

Artigo 46.º
Terceira fase – de 2013 a 2016

Na terceira fase de execução da reforma, serão tomadas as seguintes medidas:
a) Avaliação e eventual revisão dos diplomas legislativos e regulamentares aprovados;
b) Prosseguimento ou revisão dos programas, protocolos e medidas em curso;
c) Avaliação final da execução da reforma delineada na presente lei, com vista à elaboração do relatório referido no artigo 47.º.

Artigo 47.º
Relatório global

O relatório global sobre a execução da reforma do sistema prisional programada na presente lei, elaborado pelo Ministro da Justiça e aprovado mediante resolução do Conselho de Ministros, é enviado pelo Governo à Assembleia da República até 30 de Março de 2017.

Artigo 48.º
Disposição final

1 – A aplicação das orientações e directrizes da presente lei que careçam de legislação ordinária, ou da sua revisão, depende da entrada em vigor dos respectivos diplomas.

2 – A adopção dos programas e medidas administrativas previstos na presente lei, que careçam de base legal ou regulamentar específica, depende da entrada em vigor dos diplomas que a estabelecerem.

ÍNDICE

PREFÁCIO 5

RELATÓRIO FINAL DA COMISSÃO DE ESTUDO E DEBATE DA REFORMA DO SISTEMA PRISIONAL

I – INTRODUÇÃO 7
II – O SISTEMA PRISIONAL PORTUGUÊS 14
   2.1. A Perspectiva Histórico-Legislativa no Século XX 14
      2.1.1. Regulamento das cadeias civis do continente do reino e ilhas adjacentes, de 1901 15
      2.1.2. Até à reforma de 1936 16
      2.1.3. Reforma da Organização Prisional, de 1936 19
      2.1.4. De 1936 a 1979 21
      2.1.5. Reforma Prisional, de 1979 23
      2.1.6. Depois de 1979 27
      2.1.7. Considerações finais 30
   2.2. Dados estatísticos – Um século de Prisões em Portugal 30
      2.2.1. Estabelecimentos Prisionais 31
      2.2.2. Lotação dos estabelecimentos prisionais 33
      2.2.3. População prisional 35
      2.2.4. Crimes cometidos e sanções aplicadas 36
      2.2.5. Características da população prisional 40
      2.2.6. Ocupação dos reclusos e pessoal nos estabelecimentos prisionais 43
      2.2.7. Considerações finais 45
III – O SISTEMA PRISIONAL PORTUGUÊS NO CONTEXTO EUROPEU 49
   3.1. Breve Análise de Algumas Ordens Jurídicas Estrangeiras 49
      3.1.1. Espanha 50
      3.1.2. Itália 53
      3.1.3. Alemanha 56
      3.1.4. França 57
      3.1.5. Bélgica 59

3.1.6. Inglaterra 60
3.1.7. Observação final 62
3.2. As prisões na União Europeia – alguns indicadores 62
    3.2.1. População prisional 63
    3.2.2. Considerações finais 71
IV – ORIENTAÇÕES E RECOMENDAÇÕES INTERNACIONAIS 72
4.1. Nações Unidas 72
4.2. Conselho da Europa 74
V – A CONTRIBUIÇÃO DAS ENTIDADES OUVIDAS 77
5.1. Escola Nacional de Saúde Pública 78
5.2. Contributo dos Juízes de Execução das Penas 79
5.3. Pontos mais focados pelas ONG s ouvidas pela Comissão 80
    5.3.1. Magistrados judiciais, do Ministério Público e dos Tribunais de Execução das Penas 81
    5.3.2. Penas aplicadas pelos tribunais a delinquentes 81
    5.3.3. Tratamento penitenciário 82
    5.3.4. Direitos dos reclusos e apoio jurídico 82
    5.3.5. Combate à toxicodependência e à SIDA nas prisões 83
    5.3.6. Reforço da protecção dos direitos das vítimas 83
    5.3.7. Estatuto e formação dos Guardas Prisionais 84
    5.3.8. Mecenato e voluntariado 84
    5.3.9. Considerações finais 85
VI – CONCLUSÕES DA ANÁLISE EFECTUADA E SENTIDO GERAL DA REFORMA PROPOSTA 85
6.1. No plano qualitativo 85
6.2. No plano quantitativo 87
6.3. No plano físico 89
VII – LINHAS GERAIS DA REFORMA DO SISTEMA PRISIONAL POR-TUGUÊS 90
7.1. Recomendações no sentido de alterações pontuais da lei penal e processual penal e de outra legislação avulsa 90
    7.1.1. Proposta de transformação da pena de prestação de traba-lho a favor da comunidade em pena principal 90
    7.1.2. Suspensão da execução da pena de prisão 91
    7.1.3. Estudo da possível introdução do sistema de *combination orders* 92
    7.1.4. Liberdade condicional 92
    7.1.5. Indulto 93
    7.1.6. Revisão dos artigos 21.º e 52.º do Decreto-Lei n.º 15/93, de 22 de Janeiro (tráfico e consumo de estupefacientes e substâncias psicotrópicas) 93
    7.1.7. Prisão preventiva 95

Índice

7.1.8. Utilização das diferentes medidas de coacção 96
7.1.9. Alargamento do âmbito da vigilância electrónica 97
7.1.10. Considerações sobre o princípio da oportunidade em Processo Penal 98
7.1.11. A suspensão provisória do processo 98
7.1.12. Mediação penal 100
7.1.13. Jovens-adultos 101
7.1.14. Alargamento do regime aplicável aos condenados afectados por doença grave e irreversível (Lei n.º 36/96, de 29 de Agosto) 101
7.2. Outras recomendações pertinentes sobre a reforma do sistema prisional português 102
ANEXO: Informação estatística relativa ao sistema prisional dos países da União Europeia 106

PROPOSTA DE LEI-QUADRO DA REFORMA DO SISTEMA PRISIONAL

CAPÍTULO   I – Finalidade e âmbito da reforma 117
CAPÍTULO   II – Serviços prisionais 119
Secção I   – Princípios orientadores 119
Secção II – Serviços centrais 121
Secção III – Estabelecimentos prisionais 122
CAPÍTULO   III – Execução das penas e medidas privativas da liberdade ... 125
Secção I   – Disposições gerais 125
Secção II – Tribunais de execução das penas 127
Secção III – Serviços de reinserção social 130
Secção IV – Cooperação entre o sistema prisional e outros serviços públicos, bem como com a sociedade em geral 132
CAPÍTULO   IV – Financiamento do sistema prisional 133
CAPÍTULO   V – Parque penitenciário 135
CAPÍTULO   VI – Avaliação do sistema e acompanhamento da reforma 136
CAPÍTULO VII – Execução da reforma do sistema prisional 137